내 삶이 흔들릴때 명화를 찾아서

그림의 마음을 읽는 시간

이윤서 지음

BOOK STAR

 나의 긴 여정에 우연히 만난 책이 명화 관련 서적이었다. 화가들의 삶도, 작품에 나타난 색도 너무나 강렬했다. 명화 속에 담긴 화가의 삶을 통해 타인의 삶을 이해하는 시간, 위안과 통찰의 시간이 되었고 이를 통해 내가 깨달았던 것들을 사람들에게 알려주고 싶었다.

 모든 삶이 훌륭하게 보일 필요는 없다. 누군가는 어려운 상황에서도 낙관적으로 받아들이며 헤쳐 나가는 이가 있는 반면 또 어떤 이는 고통으로 매일 포기하고 절망하며 살아가기도 한다. 나는 이 어디쯤에 서서 비루한 자신을 탓하며 숨으려고만 했던 때가 있었다. 튀고 싶지 않아 어두운 무채색 옷만 입고 다니기도 했고 마음이 우울해져 세상 모든 일에도 슬퍼질 때에는 검정 색만 눈에 들어오던 때가 있었다.

 우리는 매일 아침이면 매일 반복되는 일상의 시작으로 같은 길을 나서기 때문에 그 풍경들이 눈에 익어 있다. 그리고는 익숙해진 풍경에 대해 들여다보지 못하게 되고 색이 퇴색되어 보인다. 매일 입는 옷처럼 의식하지 못하게 되기도 한다.

그래서 우리는 힐링을 원할 때 지금 있는 곳을 벗어나 새로운 곳으로 여행을 떠난다. 낯선 곳의 여행은 우리가 평소 느끼지 못하던 색과 익숙하지 않은 풍경들과 색들을 통해 자극받게 된다. 이것이 컬러 여행이라 말할 수 있다.

-본문 中

살아 있음을 감사한 날들이다. 불과 얼마 전까지 사는 게 매일같이 벌 받고 있는 것 같다고 생각했던 때가 있었다. 현재 나와 그때의 나와 달라진 점이라면 나에게 주어진 하루를 감사하게 되었다는 점이다.

끊임없이 반복되는 괴로운 일상을 마주해야 했고, 인간관계에서 일어나는 오해들로 마음 아파해야 하고, 의도한 대로 흘러가지 않는다고 내 몸의 세포마저 병으로 만들었다. 하지만 알고 보면 부정적인 시각으로 바라보고 부정적인 생각들이 모든 것을 끌어들인 건 나인지도 모른다는 생각이 스쳤다.

하루는 친구에게 "하필이면 난, 왜 이렇게 나를 힘들게 하는 사람들만 만날까."하고 말했다. 듣고 있던 친구가 최선을 다해 해준 대답이 뭐가 있을까.

"…… 너 참 힘들겠다."

이렇게 말할 수밖에 없듯 답은 없었다.

결국, 내게 던져야 할 질문이었고 내가 찾아야 했던 대답이었다. 그리고 내가 해야 할 행동만이 남아 있었다.

가야 할 길이 보이지 않던 어느 날 그 자리에 멈춰 서서 책에 미쳐 읽기 시작했다. 책에 내 온 마음을 맡긴 채 이끄는 대로 따라갔다. 그러다 우연히 화가들의 삶을 들여다보게 되었고, 그들의 순탄치 않은 삶에 매력을 느끼며 위로를 받게 된다. 삶이 평범하지 않음으로 인해 불필요한 시선을 받아야만 했지만 그 시간이 고스란히 작품 안에 담겨져 있음을 그들의 그림을 통해 알 수 있다. 그림밖에 그릴 줄 모르는 화가를 비롯해 소통을 세상에서 제일 어려워하던 화가, 수직과 수평선만을 이용하여 네모 칸을 정확히 그려 두고 그 안에서 휴식을 취하기도 하는 화가, 가족들의 연이은 사망으로 혼란스러운 어릴 적 기억들로 인해 죽음이라는 화두를 안고 평생 살았던 화가, 늘 이인자였고 비난과 조롱의 대상이 되기도 했던 화가의 이야기까지 현재 우리의 모습과 너무나 닮아 있어 낯설지 않다. 그들의 삶이 고스란히 담겨진 그 그림에는 내면의 고뇌와 고통과 환희가 깃들여 있었고, 그들이 그린 그림을 통해 우리는 큰 위안을 얻게 될 것이다.

쓸모없는 사람은 없다. 나는 그 말을 믿어 보기로 했다. 나의 부정적인 생각들은 바람에 실어 날려 버리고 긍정 에너지를 모아 나와 같은 사람들에게 위안을 줄 수 있는 '명화 에세이' 집필을 시작하였다. 새로운 도전은 나를 발견하게 되는 계기가 되었고, 길고 긴 여정의 끝에서 내가 가고 싶은 길을 분명하게 보게 되었다. 그렇게 하여 완성된 책이 명화와 나의 이야기이자 우리의 이야기인 《그림의 마음을 읽는 시간》이다. 모두가 아니더라도 누군가는 공감할 수 있는 이야기라고 믿는다. 가진 것이 보이지 않고 늘 이인자밖에 되지 못한다는 생각으로 자존감이 낮아졌고 나의 진정한 아름다움을 들여다보지 못했기 때문에 나는 지금까지 행복하지 못했다. 이제 인생 2막을 시작해 보려 한다. 내가 있는 그 자리에서 벗어나 변화를 꿈꾸었던 가장 큰 이유는 자신을 사랑하고 싶었기 때문이다. 앙리 루소의 49세 때 제2 인생을 꿈꾸고 생을 다하는 날까지 최선을 다해 살아가는 모습을 보고 나 또한 용기를 얻었다.

아파본 사람만이 아픈 사람을 진정으로 공감할 수 있듯 나는 그들을 통해 얻었던 지혜와 위로, 그리고 에너지를 이 책을 통해 전해 주고자 한다. 당신이 어떤 끌림으로부터 나와 같은 방향을 바라보고 이 책이 손에 들려 있다면, 위로가 필요한 당신이 끌어당긴 것이라고 생각해도 좋다. 비록 부족하지만 평범한 한 사람이 괜찮다고 위로해 주는 위안을 받아 주었으면 좋겠다.

변화를 꿈꾼다면 도전하길 바란다. 아무 일 아닌 듯이 한 발 내디뎌 보길 바란다. 우리가 매일 걷는 길에서 방향만 달리하는 일일 뿐이다. 행운을 빈다. 끝으로 《그림의 마음을 읽는 시간》을 책으로 쓸 수 있도록 격려하고 도움을 주신 광문각 박정태 회장님께 깊이 감사드린다.

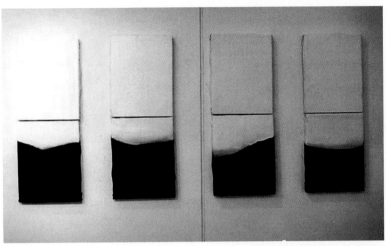

이윤서, <보이는 것이 다가 아니다>, 유화

산을 넘어가듯 나는 지금부터 꼭대기에 올라
내려올 때까지 오롯이 당신의 이야기에 귀 기울이며 우리는
대화를 시작한다.

– 저자 이윤서

목차

3. 나는 어떤 관계의 사람인가

4. 확신 나는 어떻게 헤쳐 나갈 것인가

5. 이상, 상상, 나는 무엇을 꿈꾸는가

1

나를 들여다보기

감정의 덫에
휘둘리지 마라

나에게 보내는 편지

아무것도 아닌 것 같아도

무엇인가는 되고 마는 것이 인생이다.

아무것도 가진 것이 없는 인생인 듯하여도

찬찬히 돌아보면

너무 많이 가져서 등허리가 휘어졌다.

진짜 가지고 싶었던 것이 "무엇이냐?"라고 묻는다.

그러면 나는

진짜 가지고 싶었던 것은

'만족할 줄 알고 감사할 줄 아는 마음이요.'라고 대답한다.

나아질 것이 없어 보이던 한때도

지나고 보면 아주 조금씩 달팽이걸음만큼 나아가고 있었고

나는 그곳으로부터 멀어져 있다.

그렇게 무뎌지고 잊혀지고

아무것도 아닌 것이 아니었다.
아무것도 아닌 듯 무심히 살아지고 있고
살아가면 되는 것이다.
괜찮다.
잘하고 있다.
그리고 이만하면 되었으니
아프게 자꾸만 마음을 할퀴지 말자.

오늘은 나를 반가운 얼굴로
맞이해 주려무나.

- 작가 노트 中-

끝 모를 죄책감과 무력감을 이제는 버려야 했다.
내가 있는 이곳에 내가 없을 수 없다.
'나'라는 육체 안에 내 영혼이 존재하고 있듯 운명 또한 내 영혼이 가고자 하는 방향으로 가고 있는 것이다.
운명은 우리가 알지 못하는 곳에서부터 오는 것이라 믿고 있지만 대부분은 나를 둘러싼 공간 안에서 일어나고 있었다. 나와 맺어진 인연들과 얽혀 만들어 가는 이야기가 될 것이다. 사람들 틈에서 그 안에 존재하는 자신을 똑바로 본 적이 있는가. 내가 어떤 생각을 가지고 어떤 태도로 그들과 관계하는지 말이다. 사실은 운명이라는 것은 내가 행하고 생각하는 방향대로 흘러가고 있는 것이다. 가고 있는 그 길 위에 바로바로 그려지고 있는 내 인생의 지도를 보며 내가 가야 할 길을 주관해야 한다.

외부와 내부가 마주하는 그 지점에서 운명이 만들어진다면 나는 어떻게 살아야 할지 진지하게 고민해봐야 할 것이고, 그런다면 결코 그릇되게 흘러가지는 않을 테니까. 더 이상 말도 안 되는 운명 따위를 운운하며 지금을 괴로워하지 않아도 될지도 모른다.

현재 버리지 못해 끌어안고 있는 미련은 이제 과감히 버릴 수 있어야 한다. 지난 과거를 진짜 기억으로 남겨 두어야 할 때가 온 것이다. 그러고 나서 새로운 나의 에너지로 앞으로 나올 갈림길에서 좋은 선택을 할 수 있게 해주길 바란다.

나는 누구인가

반 고흐

반 고흐의 삶을 들여다보면서 '하루하루가 고통이었겠구나' 하는 생각이 들었다.

고흐의 자살 소식을 들은 고갱이 베르나르에게 보낸 편지 中에서도 이와 같은 말을 했다.

> 그 가여운 친구가 자신의 광기 때문에 얼마나 힘들어했는지를
> 알기 때문에 지금 이 세상을 떠난 것이 그에게는 오히려 다행
> 이라고 할까.
> 이 세상을 떠남으로써 고통에서 벗어날 수 있고 환생하여 그
> 가 전생에서 한 훌륭한 일로 보답 받을 수 있을 테니까.
>
> – 고갱

빈센트 반 고흐는 1853년 네덜란드 작은 마을에 엄격하고 보수적인 목사와 온화한 성품을 가진 그의 어머니 사이에 두 번째 아들로 태어났다. 첫째 형이 태어나서 얼마지 않아 죽게 되었고, 1년 후 고흐가 태어나자 죽은 아들의 이름을 그대로 가지게 된다. 그들은 태

어나 얼마 지나지 않아 떠난 아들에 대한 마음을 담아, 떠난 아들의 삶을 고흐가 온전하게 살아주기를 바라는 마음이었을 것이다. 이름은 누군가로부터 불리는 순간부터 그 사람으로 태어난다고 했다.

빈센트 반 고흐는 누구인가. 형의 존재를 일곱 살 때쯤에 묘비 구석에 있는 비석을 가리키며 자신의 이름이 불리는 것을 통해 자신이 태어난 날과 이름이 같은 또 다른 존재가 있다는 사실을 알게 된다.

빈센트 반 고흐, 〈작가의 초상〉
1887년, 유화

그의 저서 《내 영혼의 자서전》에서 고흐는 "적어도 1주일에 한 번은 마주치는 형의 비석은 항상 묘한 기분을 불러일으켰고 많은 생각을 하게 만들었습니다. 결국, 정확한 이유와 의미는 알 수 없었으나 저의 성격 형성에 영향을 준 것만은 틀림없습니다."라고 회고하고 있다. 형의 삶 아니면 본인의 삶, 어느 쪽이든 자신으로 살아가기 위한 투쟁이 태어나는 순간부터 시작되었다.

하지만 이것으로 모든 정체성의 혼란을 야기했다고 보기는 어려울 수 있다. 고흐의 고집스러운, 고통스러운 삶을 단순하게 설명하기는 어렵다는 것을 알면서도 왜 이토록 안타까운 마음이 드는 것일까.

고흐는 친척들이 경영하는 화랑에서 수습사원으로 일하며 그림과 가까워지게 된다.

매사에 진지한 성격에 고지식함과 엄격함을 가지고 있었기 때문에 다른 사람들과의 관계에서 종종 마찰을 빚곤 했다. 혼자 좋아하는 여인에게 청혼을 했다가 거절당하자 그 충격으로 신앙에 몰입하게 된다. 신앙에 빠져들수록 일에 문제가 생기게 되자 하던 일을 완전히 정리하고 전도사의 길을 걷는다. 가난한 사람들에게 복음을 전하며 힘든 상황을 견디는 과정에서도 사람들과의 관계는 녹록지 않았다.

그 이후로 전도사의 길을 접고 고향으로 돌아와서는 전업 화가의 길을 걷기로 결심한다. 그렇게 고향에서 지내던 어느 날 사촌에게 연정을 느끼게 되고 구혼을 했다가 단호하게 거절당하는 일을 겪는다. 이로 인해 가족과 친척들과의 갈등의 골은 깊어지고 힘든 시간을 보내야만 했다. 고향을 떠나온 추운 어느 겨울날, 임신한 매춘부가 길가에서 떨고 있는 모습을 보게 된다. 외면할 수 없었던 고흐는 집으로 데리고 와 보살펴 주게 되는데, 알코올 중독과 매독을 앓고 있던 '시엔'이라는 이 여인으로 인해 주변으로부터 무수한 오해를 사게 되고, 가족들과의 관계는 더 틀어지게 되었다. 그리고 사회적으로 지탄을 받게 되면서 급기야 주위 화가 친구들도 그를 떠났다.

무엇이 진실이고 무엇이 정의인지에 대해 스스로는 확신하지만 그 누구도 고흐의 진심을 알려고 하지 않았다. 이후 파리로 거처를 옮겨와서 '로트렉'과 같은 '인상주의' 화가들을 만나게 되고 이때 일본 그림의 영향으로 색채가 밝아지는 그만의 그림풍이 나타나기 시작한다. 그리고 도시에 싫증을 느낀 고흐는 남프랑스 아를로 떠나와 빛과 색에 대한 열정을 펼치기 시작했다. 아를에 노란 집을 아틀리에로 꾸며서 화가들의 공동체 공간으로 사용하였는데 그때 고갱과 생활하면서 예술에 대한 견해로 인해 심하게 다투고 고흐가 자신의 귀를 자르는 사건이 일어난다.

고흐의 후기 작들을 보면 그림에 노란색 물감이 짙어지게 되는 것을 볼 수 있다. 금전적으로 풍족하지 않았기 때문에 저렴한 물감을 사용을 하였고, 시간이 지나면 태양처럼 빛나는 노랑이 퇴색되어 가는 것을 보고 더더욱 물감을 두껍게 칠하게 된다.

고흐의 행적을 자세히 알 수 있는 이유는 세상을 떠나기 전까지 고흐가 '테오'에게 보낸 편지는 668통을 통해서이다. 동생 테오는 고흐의 유일한 소통의 통로였으며, 전업 화가로 살아갈 수 있게 해 준 절대적인 지원자이기도 했다.

우리는 나이를 먹으면 자연스럽게 삶이 완성되는 것인 줄 알고 살아간다.

그는 어제도 오늘도 좌절하고야 말았다. 하지만 다시 일어나 그림을 그리고 미약하지만 자신은 할 수 있다고 믿으며 오늘을 살아내었다. 오로지 그림을 통해서 자신을 조금씩 소멸시켜 가며 정신이 혼미해지는 순간에도 물감을 입에 물고는 자신을 진정시키며 그림을 그려 냈다.

이십 대의 삶은 방향에 대한 모호함으로 혼란스러움을 겪는 시기이다. 이룬 것도 없고 한 것도 없어 보이는 사람들에게조차 거절당하고 외면당하는 무가치한 사람으로 느끼던 날들이 많았다. 자존감은 바닥에 납작 엎드려 일어날 기미조차 보이지 않았다. 그래도 붓을 잡는 그 순간부터 팔레트 위에 붓을 얹어두는 마지막 순간까지 자신을 그대로 드러내 보였음을 우리는 그림을 통해 알게 된다.

빈센트 반 고흐, 〈밀짚모자를 쓴 자화상〉, 1887, 유화

걸음 마디마디
단단해질 수 있도록

까미유 끌로델

조각은 선사시대의 출발로 르네상스 시대의 거장 미켈란젤로에 의해 조각의 개화가 시작되었다. 조각은 건축의 일부로 장식적인 요소가 강했고, 영웅이나 귀족의 초상을 조각으로 제작되면서 예술적으로 미적 가치나 창의성의 발휘를 하지 못하다가 로댕의 출현으로 미의 본질에 대한 사고를 재정립하고 현대 조각으로의 새로운 길을 열게 되었다.

까미유 끌로델의 인생과 작품 세계에서 세기의 절대적이었던 현대 조각가 로댕을 빼놓을 수 없을 만큼 밀접한 관련을 가지고 있다. 로댕의 제자이자 연인이었던 그녀는 예술적 영감을 교류하고 로댕의 조력자 역할을 하면서 서로의 작품에 영향을 미치게 된다. 시대 분위기상 여류작가라는 이유로 재능을 가지고 있었음에도 로댕의 그늘에 가려서 불운의 여인으로 기억되고 있는 그녀가 어떤 삶을 살았는지 궁금했다.

까미유가 태어나기 1년 전 부모는 태어난 지 2주 만에 아들을 잃는다. 아들을 잃은 이후에 까미유가 태어났고, 첫째를 잊지 못하는 마음에 어머니는 여자아이에게 중성적인 이름 '까미유'라 지어준다. 일생토록 편애를 심하게 했는데 생애 후반부에는 어머니로부터 정신병원에 보내어지게 된다.

11세 때에 진흙으로 인물 작품을 만들어 내어 주위를 놀라게 하는 일을 비롯해 천부적인 소질을 드러낸다. 부친은 딸의 재능과 열정을 알아보고 '알프레드 부셰'에게 지도받을 수 있도록 하였다. 하지만 계속해서 지도를 할 수 없었던 이유로 부셰가 로마로 떠나면서 까미유와 그의 제자들을 로댕에게 부탁하였고, 이때부터 로댕과의 만남은 운명에 의한 숙명적인 만남이 시작되게 된다. 당시 로댕은 유명한 조각가였고 까미유는 천재적인 영감을 가진 제자였다. 두 사람의 만남은 그야말로 환상이었다. 자신의 재능을 로댕과 공유하며 창조적 재능을 맘껏 발휘할 수 있었던 까미유 인생의 절정기라고 할 수 있다. 서로의 작품 활동에 큰 영향을 미쳤지만 훗날 까미유는 로댕의 그림자에 가려진 채 로댕의 조수, 로댕의 제자라는 것이 치명적인 약점이 되어 버렸다.

까미유와 로댕의 관계는 동료 이상의 관계로 발전하게 되지만 로댕에게는 오래전부터 지고지순하게 옆을 지키고 있던 '로즈 뵈레'라는 여인이 있었다. 로즈 뵈레를 배신할 수 없었던 로댕은 까미유의 옆을 지키겠다던 약속을 저버리게 되고, 까미유와 이별하게 된다. 까미유는 로댕이 다시 자신에게 돌아와 줄 것이라는 기대를 해보지만 로댕은 그 기대를 저버린다. 까미유는 로댕으로부터 독립하여 작업을 이어갔지만 배신에 대한 분노와 증오로 삶의 중심을 잃어버리게 된다.

평정심을 잃은 까미유는 자신의 분노와 증오를 작품으로 표현하게 되는데, 이러한 작품들은 사람들에게 공감받지 못하고 외면당한다. 까미유의 작품을 구매하고자 하는 사람들이 없다 보니 생활은 점점 궁핍해지고 정신적 물질적으로 힘든 위기에 처하게 된다.

이 힘든 시기에 의지하던 동생마저 중국으로 떠나 버리면서 그녀는 살아갈 의지를 완전히 놓아 버리게 된다. 7년 동안 자신을 집에 가둬 두고 외부와 접촉을 끊고 살면서 로댕에 대한 피해망상은 점점 더 심해지게 된다. 로댕이 단물을 빼먹어 자신의 창조적 재능이 고갈되었다고 믿고 있었다.

까미유를 지지하고 사랑해 주던 부친이 사망하자 모친은 까미유를 정신병원에 보내버린다. 나가게 해달라는 그녀의 간절한 편지와 수많은 요청은 묵살되었고 그렇게 갇혀서 산 세월이 30여 년이었다. 그 매정한 세월 동안 정신병원에서 나오지 못하고 차가운 병실에서 홀로 생을 마감하게 된다.

어머니의 냉대는 평생 지속되었기 때문에 냉담하고 지배적인 어머니로부터 사랑과 온정은 바랄 수도 없는 일이었다. 아버지의 관심이 커질수록 어머니는 까미유를 더 매몰차게 대했다.

나이가 많았던 로댕에게 매료되었던 것도 아버지에 대한 사랑이 로댕에게 전이된 것일 수 있다.

정상적인 성장 배경에서 자라지 못하고, 까미유에게 모성애 결핍은 장애와도 같았다. 로댕의 배신이라는 절망감이 자신을 완전히 놓아 버리는 계기가 되었던 것도 자신의 가장 약한 부분을 다쳤기 때문이다. 아버지의 사랑을 닮은 로댕과의 이별은 까미유의 영혼을 통째로 흔들어 놓기에 충분할 만큼 치명적이었다.

여성에 대해 보수적이었던 시대적 상황을 생각해 보면 여성이 규범에 벗어난 행동을 하면 비난이 자유롭지 못하던 시대였다. 로댕의 곁에 '로즈 뵈레'라는 여인이 있었던 걸 알면서도 로댕을 사랑할 수밖에 없었던 이유는 자신의 재능을 인정해 주고 까미유가 느껴보지 못한 애정을 느끼게 해준 아버지의 사랑을 닮아서가 아니었을까. 비난을 감수하면서까지 자신의 사랑을 지키고자 했던 까미유는 사랑이 곧 자신의 모든 것이었다.

까미유끌로델, 〈중년〉, 1893~1899, 조각 · 청동

그녀가 만든 이 작품에서 까미유의 절규가 들리는 듯하다.

로댕과 결별한 시기에 제작되었기 때문에 이 작품이 의미하는 바가 무엇인지 잘 알 수 있다.

무릎을 꿇고 남자를 향하며 애원하고 있는 여인은 까미유 그녀일 것이고, 노파에게 이끌려 무거운 발걸음을 딛고 있는 남자는 로댕을, 이미 자신의 수중에 들어온 남자를 이끄는 노파는 '로즈 뵈레'를 의미한다.

우리는 부러질 듯 곧은 것과 휠 수 있는 만큼 휘어지는 것 중 선택해야 한다면 어느 것을 택할 것인가?

과연 우리에겐 부러질 만큼의 용기는 있는 것인가?

부러지지 않기 위해서 마음을 비워야 할 때가 있다.

텅 빈 마음

텅 빈 하늘

내 마음 안에 여백을 남겨 둔다.

이별을 받아들임도, 사랑을 내려놓음도, 이 모든 것을 끌어안을 수 있는 용기도 시간이 흐른 만큼 그 세월만큼 우리의 깊이도 깊어지기 마련이다. 누구나 많은 이별을 하며 살고 있다.

그리고 너무 많은 시간을 그리워하며 살고 있다.

그녀가 가진 결핍으로부터 파생되는 것들은 남의 이야기가 아닌 우리들의 이야기이다.

결국은 모진 풍파를 이겨 내야 우리는 성장하는 것일 테니까.

자신이 가는 걸음 마디마디 단단해질 수 있도록 바라본다.

매너리즘

요즘 당신은 매너리즘에 빠져 있지 않은가.

익숙해진다는 것은 편해진다는 것이다. 처음에는 낯설고 긴장되던 일에도 시간이 흐르면 익숙해지기 마련이다.

일도 사랑도 마찬가지다. 시간이 더해질수록 처음에는 익숙하지 않아 어려웠던 것도 곧 자동 센서가 달린 기계처럼 척척 해내게 된다. 시간이 상처를 아물게 하듯 시간은 약이 되기도 하지만 우리의 삶도 무뎌지게도 한다. 같은 일도 시간이 늘어나고 느슨해져 긴장감이 없어진 요즘 매너리즘에 빠졌다는 말을 자주 한다.

매너리즘이란 틀에 박힌 방식이나 태도를 가진 뜻이 있지만, 미술용어로는 후기 르네상스 시대의 미술과 건축 사조를 일컫는 말이기도 하다.

명화 속에서 매너리즘 화가는 누가 있었을까?

손꼽히는 사람은 엘 그레코가 있다.

세기의 미술가들이었던 레오나르도 다빈치, 미켈란젤로, 라파엘로를 이어 등장한 엘 그레코는 거장들과 비교되는 운명 앞에 머리를 열심히 굴렸을지도 모른다.

'저들과 다른 나의 강점을 무엇일까' 하고 말이다.

르네상스 직후의 시대에 무엇을 해도 모방과 같은 평가를 받을수밖에 없었지만 엘 그레코는 서양미술사에서 독특한 그림을 그린 사람으로 기억되게 된다. 이들과 다름을 위해 열심히 애쓴 덕분이라고 할 수 있다.

매너리즘의 그림들은 초현실주의적인 느낌도 가진다. 잡아 늘린 듯 길쭉하고 굴곡진 형태와 이전 작품들과 비교될 만한 밝은 색채 사용으로 당시에는 그의 독창성으로 보이기보다는 사람들로부터 '시각에 문제가 있지 않나'라는 오해를 받기도 했다.

매너리즘은 뒤를 잇는 미술 사조인 사실주의와 신고전주의에 밀려나 잊혀지고 있다가 20세기에 들어와 초현실주의자들에 의해 다시금 부각되게 되었다.

매너리즘이라는 말이 오늘날 익숙함에 젖어 틀에 박힌 행동이나 태도로 늘어나고 비틀어진 형태 왜곡에서 오는 우리들의 지루한 모습을 비유한 일반명사로 변해 버린 말은 아닐까?

이러한 오해에도 불구하고 이것이 그림에서 경쟁력이다.

엘 그레코, 〈참회하는 마리아 막달레나〉, 1577년경, 유채

경쟁력을 길러야
살아남는다

거장들 뒤를 이어 우리에게 기억되고 다시금 부각 된다는 것은 개성 있는 그림으로 살아남을 수 있었던 경쟁력을 갖추고 있다는 것이다.

남들과 다름을 꿈꾸고 익숙함 속에서 새로움을 생각해 내는 이것이 진정한 그 사람만이 가진 강점이라 할 수 있다.

RED

빨강이라는 색이 가진 강점에 대해 살펴보면 인간이 색에 이름을 붙여준 처음의 색이 빨강이다. 그래서 세계에서 가장 오래된 색 이름이기도 하다.

젊은 층이 좋아하는 색이라 생각되겠지만, 사실 나이가 지긋한 사람들에게 인기가 있는 색이기도 하다. 혹시 어른들에게 선물할 때 무채색이나 브라운 톤의 색들을 보고 있다면 다시 고려해보는 것이 좋을 것 같다.

오히려 검정과 같은 어두운 계열은 젊은 층에 인기가 있는 색으로 검정은 젊음을 더 드러내게 하는 효과를 가지고 있고 늙음 또한 더 드러내게 하기 때문에 나이가 든 사람은 검정을 좋아하는 사람이 적다.

빨강은 생명과 힘의 색이며 오래전 고대 때부터 적토를 사용해 그림을 그렸다. 귀족과 부자만의 색이기도 했던 이유는 염색 공정이 어려웠기 때문에 가장 비싼 색일 수밖에 없었다.

빨강이라는 색에 강력한 권력을 부여하는 힘이 있다고 믿는 미신이 있었기 때문에 귀족들은 이 색을 귀하게 여겼다. 여기서 빨강이라는 색이 가지는 성질이나 의미는 나의 존재를 드러내 보이게 하는 것이 강점이다.

레드카펫

영화제가 열릴 때 레드카펫을 밟는 연예인들은 귀족처럼 옷을 입고 등장한다. 빨강은 명예의 상징이기도 하다. 평상복이 아닌 만큼 자신을 더욱더 특별해 보이게 한다. 평범한 사람들 중 하나가 아닌 특별한 날 주인공과 같은 모습으로 말이다.

레드카펫을 누구나 밟으며 살진 않는다. 그렇다고 예전처럼 밟지 못하는 규제나 제약은 없지만 특별한 날 레드카펫 위를 걷는 사람들이 특별해 보이는 것은 단순히 기분 탓만은 아닐 것이다. 이것이 빨강의 강점이다.

동화 속 주인공 이름

동화책에 나오는 이야기를 애니메이션으로 제작될 정도로 인기가 많은 빨강 망토와 늑대 이야기가 있다. 광고의 콘셉트나 의상도 유행을 할 만큼 빨강이라는 색은 아이 어른 할 것 없이 좋아하는 색이다.

'빨강 망토'의 이야기 주인공이 할머니로부터 생일날 빨강 망토를 선물 받게 된다.

보통 동화 속 주인공의 이름이 나오지만 여기에는 빨강 망토를 한 소녀의 극중 이름은 '빨강 망토'로 불린다. 강렬하고 인상적인 색인 빨강이 가진 힘의 위력이다. 마을 사람들도 그 소녀를 빨간 망토라고 불러줄 만큼 빨강이라는 색은 생명력을 가지고 있다.

중세의 전형적인 의복은 망토였는데 귀족만이 입을 수 있는 옷으로 서민들이 입을 수 있는 흔한 색상의 옷이 아니었다. 신분이 낮은 자들은 흐린 색의 저렴한 소재의 짧은 망토를 입었다. 귀족의 경제력 상실로 나타난 것은 빨강 망토에 대한 특권이었다. 하지만 그 이후로도 워낙 염색 공정이나 값이 비쌌기 때문에 가난한 사람들에게 신분의 제약으로 입지 못하는 그만의 문제는 아니었다. 여기서의 '빨강'은 이 동화의 경쟁력이다.

2 · 3

붉은 식탁, 앙리 마티스

1869~1954

끊임없이 지속적으로 창조하고자 했던 화가들의 삶은 어쩌면 인생을 그리고 있는 우리와 다름이 없다. 익숙한 일상의 색에서 벗어나기 위해 여행을 떠나듯 그림 안에서 또 다름을 여행하는 화가들이 있었다.

강렬한 색채와 대담한 형태의 조화를 표현한 화가들의 모임을 야수파라 명칭 하였는데 자연 형태를 무시하고 색채를 적극적으로 사용했기 때문에 붙여진 이름이다. 야수파의 대표적인 앙리 마티스1869~1954는 눈에 보이는 색이 아닌 화가의 감정의 색을 중요시했던 화가였다.

앙리 마티스는 프랑스 북부에 위치한 르카토캉브레지 지역의 중류층 상인 가정에서 태어났다.

법률을 공부하고 변호사 자격증을 취득해서 고향에 돌아와 법률사무소에 서기로 일을 하던 어느 날 맹장염으로 병원에 입원하게 되었다. 옆의 환자가 풍경화를 모사하는 것을 보고 흥미를 느끼게 되었고, 누워서 관심있게 지켜보는 아들을 위해 어머니가 물감을

34

가져다준다.

이를 계기로 퇴원 후에도 계속해서 그림을 그리게 되는데 매일 아침 학교에서 데생을 배운 뒤 출근하고 퇴근 후에도 붓을 놓지 않았다. 꾸준하게 그림을 그리는데 이러한 열정은 안정된 직업도, 가족의 반대에도 변하지 않는 절대적인 꿈이 되어 버렸다. 하던 일을 그만두고 고향을 떠나 파리로 간 그는 유명한 미술학교를 입학하게 되지만 전통 기법만을 가르치던 것에 회의를 느껴 곧 그만두고, 상징주의 대표 작가이자 미술 교육자였던 모로1826~1898 프랑스의 화실에서 그림을 그리게 된다. 대상을 화폭에 담는 일보다는 대상의 내면을 들여다보기 위한 끊임없는 노력을 한다. 그렇게 해서 마티스만의 천재성은 사실적인 묘사가 아닌 색채로 드러날 수 있게 되었다.

마티스의 〈식탁〉을 보면 붉은 배경과 식탁보가 붙어 있는 듯하다.

장식적인 패턴으로 인물과 창을 통해 보이는 풍경 또한 식탁보에 보이는 패턴의 일부가 되고 있다. 여인과 나무의 윤곽이 단순화되어 있는 이 그림에 처음 붙인 제목은 '빨강의 조화'라고 지어졌다. 빨강은 이성보다는 열정을 요구하는 적극성을 가리키는 상징적인 색이다. 권투선수의 글러브처럼 말이다.

실제로 식당에 식탁보와 벽지가 그림처럼 빨강이라면 음식이 이상하게 보일 것이다. 구운 고기는 맛깔스럽게 보이지 않을 것이고 채소 또한 싱싱하게 보이지 않는다.

앙리 마티스, 〈붉은색의 조화〉, 1908년, 유화

이러한 이론적 사실과 무관하게 식탁과 벽지는 강렬한 빨강으로 표현된다. 이것은 보이는 것과 실제의 모습의 표현이 아닌 마티스가 표현하고자 하는 생각과 감정을 빨강이라는 색의 강점을 통해 드러내고 있음을 알 수 있다.

빨강, 빨강 망또, 마티스의 붉은 식탁… 붉은색의 조화
스스로의 강점을 찾아 좋은 오늘, 좋았던 어제, 좋을 내일을 상상해 본다.

미래란 전통적으로 내려오는 것과 지금 우리가 행하는 모든 것으로부터 새로워지고자 하는 사람들의 몫이다.

'좋았던 그때'라는 슬로건을 좋아하는 사람들은 언제나 현재에서 미래까지의 시간을 가치 없이 과거로 보내버리곤 한다. 빠른 변화의 삶이 익숙해져서 늘 새로운 것에 대한 갈증을 느끼고 있다. 잠시 멈춰서야 한다. 이유도 모른 채 얕아지는 삶을 되돌아보는 시간이 필요하다.

미래가 좋았던 한때가 되고 또 시간은 흘러 좋았던 그때가 되는 것을 안다면 현재의 나를 똑바로 응시하면서 우리 스스로가 가진 강점을 지금부터 진지하게 찾으러 가보자. 깊어질 수 있는 기회다.

3 · 1

늦은 나이에
제2의 인생을 시작하다

앙리 루소, 1844~1910

천진난만한 성격을 가지고 단순하고 어리석어 보이기도 한다.

학창시절 평범한 학생이었고 어려운 환경 탓에 정규 수업을 제대로 받지 못했다. 훗날 세관원을 은퇴하기 전까지 일요일에만 그림을 그린다고 해서 사람들이 붙여준 이름 '일요화가' 앙리 루소의 이야기이다.

결혼을 이룬 그의 가정은 매우 가난했고 일곱 명의 아이를 낳았지만 5명의 아이가 죽고 아내마저 34세에 세상을 떠난다. 10년을 홀로 살다가 재혼을 했지만 4년 후 아내가 또 먼저 세상을 떠난다.

삶이 불운하고 불행한 사람으로 비춰지기 충분했다. 그럼에도 그의 삶은 어느 때와 다르지 않는 평화로운 한날과 같이 보냈다. 그리고 화풍 역시 큰 변화는 없다.

이것은 옳고 그름도 아니요, 좋고 나쁨도 판단할 수 있는 일이 아님에도 불구하고 많은 사람은 조소와 조롱 그리고 불행한 삶으로 치부해 버린다. 그 불행은 우리의 눈으로 보이는 것일 뿐 그렇지 않을 수도 있다는 생각을 하지 못한다.

우리와 비슷하지 않거나 상식적이지 않다 라고 생각하는 기준을 벗어나면 우리는 그 사람을 냉혹하게 결론지어 버리고 마는 습성을 가지고 있는 것 같다.

자신의 불행을 깊이 들여다보지 않고 자신이 생각하는 꿈과 이상을 믿었기 때문에 조롱조차 타인의 관심으로 생각하고 자신의 재능으로 받아들일 수 있었다. 그의 나이 49세에 제2 인생을 시작하게 된다. 스스로 자신의 재능을 천부적인 자질로 믿고 있었고, 오직 이 길이 자신의 운명이라고 생각했기 때문에 그림에 열중할 수 있었다.

우리는 꿈과 현실을 구분하며 살아가고 있다. 나이를 먹을수록 현실주의자가 되어 간다. 현실은 이상이 될 수 없다고 믿고, 현실에서는 미래란 정말 꿈처럼 잠에서 깨면 아무것도 아닌 것이라 생각한다. 어쩌면 우리는 변화를 꿈꾸지만, 한낮 꿈처럼 혁명과 이상을 믿지 않는 건지도 모른다. 그래서 꿈을 행동하는 것은 현실과 이상을 구분하지 못하는 사람 혹은 모자라거나 평범하지 않은 뇌 구조를 가진 사람으로 치부되기도 한다.

무엇이 이토록 우리를 평범함 속에서 안주하게 만드는 것인가? 그 자리에서 보전하고, 잃지 않기 위해 우리는 또 다른 것을 잃고 있지는 않은지 살펴보아야 한다.

앙리 루소, 〈카니발 저녁〉, 1855~1886, 유화

일요 화가, 나이브 화가지식 경험의 부족으로 순진해 빠진, 소박한, 고지식한
프리미티비즘적원시적인, 원시 미술 경향

나는 앙리 루소의 그림을 만나면 이상한 감정에 휘휘 둘러 감기고 만다.

이 그림에서 숨겨진 아름다움은 무엇이라 보는가?

나무들은 선적인 요소들로 강하고 나뭇가지가 그림의 장식적인 효과를 내고 있다. 빽빽한 나무들을 배경으로 작은 두 인물을 전경의 중앙에 놓여 있다. 어둡고 험난한 세상과 대비되듯 자신에 대한 호의보다는 비난과 조롱을 무시라도 하는 듯 연인과 손을 꼭 잡고 축제를 맞이하러 가는 길이다. 배경과 대비되는 그들의 옷에서 그들이 지금 어떤 기분일까 짐작할 수 있다. 현실의 냉정함과 고독감을 온전히 견뎌야 한다는 막연한 두려움이 있지만 나는 혼자가 아니라는 듯 그림에서 보여주고 있지 않은가.

내 두려움의 언저리를 표현해 주고 있는 것 같아서 나는 이 그림이 참 좋다. 한 비평가는 웃고 싶으면 그의 그림을 놓치지 말고 구경하라고 말하였다. 이러한 혹평을 하는 비평가도 있었지만 또 다른 비평가는 루소의 작품이 놀라운 독창성과 프리미티브를 연상시키는 작가라고 평하였다.

삶이 그런 것이 아니겠는가! 누가 보느냐에 따라서 달라지는 것, 어떻게 보느냐에 따라 달라지는 것.

그렇다면 여기서 우리가 배울 점은 우리에게 정작 필요한 것은 누군가의 기준이 아닌, 자신의 기준이 필요하다는 것이다. 그리고 자신의 이야기를 할 수 있는 용기가 필요하다. 나 또한 명화를 통해 나의 이야기를 하기까지 용기가 필요했다. 내가 가는 길에 스스로가 할 수 있다는 확신 없이는 아무것도 이루어 낼 수 없다. 49세에 제2의 인생을 살게 된 루소처럼 당당해야 하고 자신을 믿어야 한다.

바람이 분다.
바람 불면 들에 핀 꽃도 풀도 흔들린다.
흔들리는 건 우리가 자연의 일부이기 때문에 어쩔 수 없는 것이다.
나뭇잎이 날리듯 더 큰 바람으로 나뭇가지가 부러지기도 한다.
괜찮다.
조금 흔들린다고 잘못되었다거나 틀린 것이 아니다.
부러진다고 끝이 아니다.

- 작가 노트 中-

다음 그림을 보면 잠이 든 여인 옆에는 항아리와 만돌린이 있다. 연주하며 방랑하는 흑인 여인은 메마른 사막 위에 피곤에 지쳐 잠들어 있고, 사자 한 마리가 지나가다 그녀를 발견하지만 해치지 않는다. 강인함의 대명사인 사자와는 달리 호기심이 많은 사자다. 내면세계의 도피와 꿈으로부터 탈출이라는 주제로 루소 자신을 비유한 것은 아닐까? 앙리 루소 스스로 내면세계의 도피와 꿈으로부터 탈출이라는 주제로 호기심 많은 사자와 정처 없이 떠돌다 은은한

달빛 아래 황량한 사막 위에 잠든 여인과 우연한 만남을 통해 자신
이 하고 싶은 이야기를 하려한 것일 수도 있다. 그래서 비현실적이
고 비논리적인 상황임에도 불구하고 우리는 이 그림을 통해 불안
함보다 편안한 미소가 지어지는 것인지도 모른다.

　이때 당시 유럽 문명이 고도의 기계화로 시대의 혼란 속에 있었
다. 정체성 혼란으로 은둔 생활을 지적 풍토로까지 여기게 된 시대
였기 때문에 앙리 루소의 작품에서도 내면세계의 도피와 꿈으로부
터 탈출이라는 초현실주의적 표현들이 나타난다. 루소의 그림은
인간이 가진 욕망과 자신의 이상을 표현하고자 하는 열망을 드러
내고 있다.

앙리 루소, 〈꿈〉, 1910, 유화

그로테스크풍, 즉 이상하고 야릇한, 괴기한 인간 동식물의 공상
적인 형상을 결합시킨 장식의 표현들은 그 시대 사람들에게는 이
해되지 않는 이상한 그림처럼 보이기도 하였다.

이 그림들은 어린이 초상화다. 두 그림의 공통점은 정면을 보고
있고 거대하게 큰머리를 가진 난쟁이처럼 보인다. 물론 혹평들이
이어졌다.

얼굴이 처음부터 완성되어 몸체 부분은 공간을 할애되지 못했기 때문에 손, 다리, 의상은 압축되어 묘사되었고, 원근법을 무시한 인물의 묘사는 이상한 양식의 결과를 보이고 있다.

선과 형태에서 느껴지는 딱딱함은 화면 속 아이의 표정이 마치 미소 짓고 있는 어른처럼 보인다.

앙리 루소, 〈바위 위의 소년〉
1895~1897, 유화

앙리 루소, 〈인형을 들고 있는 아이〉
19C경, 유화

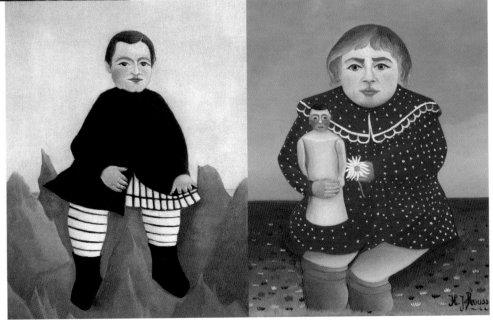

3 · 2

우리는 그림의
무엇을 보아야 하는가

우리는 여기서 그림을 어떤 기준으로 보고 있는가를 스스로에게
질문해 보자.

어떤 그림을 보고 어느 부분에서 감동을 느끼는지 대다수 사람들
은 예나 지금이나 그림을 똑같이 그렸는가, 그리지 못하였는가로 판
단하는 사람들이 많다. 물론 무시할 수 없는 부분이기도 하지만 반
드시 사실적인 표현이 기준이 될 수 없다는 말을 하고 싶다.

위대한 르네상스의 건축물과 회화 작품을 보면 인간의 한계가 느
껴질 만큼 경이로운 작품들이 많다. 하지만 르네상스 이후 예술가
들은 이성에 집착해 사물을 분석하거나 인체를 정교하게 표현하
는 일에만 몰두하다 보니 미술과 현실의 거리는 점점 멀어지게 되
었다. 지적인 것에 메이지 않고 미지 세계에 대한 열망이 프리미티
비즘을 탄생시키게 했는데 그야말로 신선함을 느끼기에 충분했다.
물론 많은 사람에게 이상한 그림으로 비춰지긴 했지만 말이다.

소묘 능력이 부족해 보일지라도 그러한 작품에서 감동을 받는 경
우가 종종 있다. 우리의 모자란 부분, 추억이 되어 버린 어릴 적 내

가 본 세상에 대한 기억이 그림을 통해 마치 숨은그림 찾기 하는 느낌이라 할까.

　루소의 작품에서 우리가 바라는 인간의 원초적인 순수함을 느낄 수 있다. 루소의 세부 묘사는 중세 미술의 묘사 방법과 유사하게 묘사하고 있는데, 친구였던 '들로네'는 루소의 작업 방식은 이미 한쪽은 완성을 했지만 다른 쪽은 스케치 선이 그대로 남아 있었다고 이야기한다. 루소는 색이 완전히 결정되고 나면 붓을 들어 작업을 시작하였는데 이는 예전 프레스코화를 그릴 때 방식으로 그렸다는 것을 알 수 있다. 프레스코는 회벽이 마르기 전에 그림을 완성해야 했기 때문에 색의 결정을 미루어가며 작업할 수 있는 환경이 되지 않는다. 그리고 주제를 파리의 식물원이나 동식물이 나온 책자 속에서 찾곤 했는데 이것의 결과는 원시적인 소재의 그림으로 이어졌다. 그래서 고갱이 원시적인 주제에서 찾은 소재의 그림과 닮아 있기도 하다.

　고갱은 원근감을 제거하여 평면과 같이 표현하였고, 입체 표현을 버리고 소재에 대한 인간이 느낄 수 있는 감정과 그 이상을 표현하고자 했다. 그러한 고갱의 상징적인 모티브를 가지고 루소만이 가진 동식물의 소재에서 초현실주의를 탄생시키게 된다. 루소는 동, 식물 책자를 통해 그림을 그렸지만 그림에는 책에 나온 식물이 존재하지 않는다는 점에서 루소만의 방식으로 창조했다고 볼 수 있다.

　그가 본격적으로 그림을 그렸던 17년간의 기간은 후기 인상주의자들의 활동 시기와 일치한다. 하지만 후기 인상주의자들이 걸었던 길과 다르게 확고한 주관으로 자신만의 그림을 그린 화가이기도 하다. 현대 미술에 문외한이었고, 아웃사이더로 늘 조롱과 조소만이 그를 평가했지만 그의 그림은 뒤를 잇는 화풍에 영향을 준다. 어린이 초상화에서도 콜라주 양식을 띠며 정면의 자세, 세부 묘사는 입체주의에서 보이는 큐비즘을 예고하였고, 그의 그림은 입체파와 다다이즘, 초현실주의에 가치와 능력을 알아볼 수 있는 기준이 되는 가교역할을 하는 업적을 남긴다.

훗날, 앙리 루소처럼 50대를 바라본 나이가 되어 자유롭게 하고 싶은 일만 할 수 있다면 새로운 일에 도전을 하게 될까. 보통은 삶이 만족스럽지 않더라도 안주하는 쪽을 택한다. 그래서 익숙해진 삶을 버리고 새로운 것을 꿈꾼다는 것이 결코 쉬운 일이 아님을 잘 알기에 앙리 루소가 더 대단해 보이는 것인지도 모른다.

소묘 능력이 부족해서 비례가 맞지 않아서 어색하더라도 적어도 그림을 그리는 순간, 행복했을 앙리 루소의 행동은 나에게 많은 메시지를 던진다. 그의 행동에 용기를 얻었다면 잘할 수 있다, 없다가 아니라 할 것인가 말 것인가를 선택하고 이제 진짜 행동하면 되는 것이다.

3 · 3

방황은 끝나지 않는다

소피아 프린센스

주인공은 걱정스러운 얼굴을 하며

"나는 그것을 잘할 수 있을까?"

"잘할 수 있을까? 잘할 자신이 없어."

상대로 나오는 인물이 말한다.

"지금 잘할 수 있을까 하는 고민은 중요하지 않아."

"네가 그 일을 할 것인지가 중요한 거야."

　요즘 젊은 아이들이 흔히 말하는 만화의 덕후은 아니지만 애니메이션의 색감과 스토리에서 메시지가 확실함이 좋아서 즐겨본다. 그림이 전공이라서 그런지 장르를 불문하고 그림의 구도나 색감 스토리 모두 내 관심사이다.

　위의 대화는 어느 날 채널을 돌리다 우연히 디즈니의 애니메이션 〈리틀 프린세스 소피아〉를 보게 되었다. 누구나 어떤 일이 닥쳤을 때 자신이 그 일에 대해 잘할 수 있을지에 대한 두려움으로 망설이곤 한다. 그런데 진짜 중요한 것은 잘할 수 있는가가 아니라 그 일을 할 것인지 말 것인지가 중요하다고 저 꼬마가 이야기해 주고 있지 않은가. 그 애니메이션의 주인공인 연보랏빛 드레스를 입고 보라색 목걸이를 한 귀여운 소녀가 상대와 나눈 대화의 내용에 내 몸에 번쩍하고 섬광이 스쳤다.

당신은 무엇을 망설이고 있는가.

무엇이 이 모든 도전들을 무의미하게 만들었는가.

실패라는 결과로 인해 우리는 다시 도전하기 위해 무엇이 필요한 것인가. 또 실패라는 결과에 대한 막연한 두려움이 우리를 어떻게 만들고 있는가. 그건 분명 '잘할 수 있을까'라는 두려움 때문이다. 나는 삶이 고단해지고 허무함이 든 공간에 두려움이 엄습해 올 때 '내가 서 있는 이곳은 어디쯤인가' 하는 생각을 한다.

산을 넘어가면 산이 있다.

산을 넘어가다가 잠시 멈춰 선다.

누군가는 산 아래서

다른 누군가는 산꼭대기에 있다.

특출한 능력을 발휘하며 조직 전체를 이끄는 승리 그룹은 내가 생각하는 산 중에 가장 높고 높은 산이다. 결코, 포기가 없는 상위 5% 사람만이 산을 넘어가고 다시 또 오른다.

자신의 역할을 수행하며 지도자를 따라가는 평균적인 사람들은 산을 묵묵히 넘어간다. 그리고 넘어가다가 '이쯤 되면 됐다'고 현실과 타협하는 사람이 있다. 그리고 아무런 능력도 발휘하지 못하는 조직의 짐과 같은 존재, 목표가 불명확하고 도피와 자기를 방어하기 바쁘고 불평불만으로 남의 실패를 기뻐하는 사람들이 존재한다.

나는 어디쯤일까?

나는 어디쯤에서 서성이고 있나.

가야 할 앞이 아닌 자꾸만 걸어왔던 길을 향해 뒤돌아서 진다.

어떤 날은 주어진 하루가 고통이었다. 오늘따라 시리게 푸른 하늘은 나를 더욱 외롭고 쓸쓸하게 만든다.

나는 초록이 주는 편안함을 좋아하지만 그 초록을 보고 있을 때마저도 내 것이 아닌 것 같다는 생각이 들 때면 하루가 온종일 고통스럽다. 그 삶을 채워줄 수 있는 것은 도대체 무엇일까? 나는 시린 하늘 아래 그 자리에 온종일 서서 발을 떼지 못한다.

어릴 적부터 말 잘 듣고 크게 말썽도 피운 적이 없는 정말 그저 그런 착한 아이. 만화책을 보면 공부 안 하는 아이로 인식될까 봐 만화책 한 번 보지 않았고, 오락실에 가면 불량한 아이라고 보는 시선이 무서워 가본 적이 없었다. 그리고 학교를 마치면 단 한 번도 딴 길로 새지 않고 집으로 가던 아이였다. 이렇게 그냥 그저 그렇게 착한 아이로 크면 뭐가 돼도 그냥 자연스럽게 되는 건지 알았다. 하지만 그건 철저한 내 착각이었다. 내게 필요한 건 실패를 딛고 설 수 있는 용기와 도전에 대한 열정이 필요했다. 스스로가 실패에 대한 두려움을 책임지기에는 난 너무 나약한 존재였고 사회 구성원으로 살아가기 위해 기본적 소양 이외에는 가진 것이 없는 그냥 살아 있는 사람일 뿐이었다.

늘 꿈꾸다가 시간이 지나 버리고, 하려다가 그러면 안 될 것 같아서 우물쭈물하다 그만두기를 반복하였다. 그러다 보니 무기력감에 빠졌다. 이제는 우리 아버지는 내가 뭘 한다고 말만 하면 코웃음을 치시며 자리를 뜨신다.

누군가의 기대치에 못 미치는 일이 반복되면 나 자신도 믿지 못하게 된다. 아마도 내 기대치가 높아서가 아니라 실패에 대한 막연한 두려움이 극복되지 못한 채 어른이 된 거지도 모른다.

'나는 무엇을 할 수 있을까'를 수천 번을 물어본다.

잠들기 전까지만 해도 '할 수 있다'고 두 주먹 불끈 쥐며 다짐하고는 아침이면 '할 수 있을까'라고 바뀌어 있다. 인상을 잔뜩 찌푸리고는 똑같이 반복되는 같은 날 이런 내 자신을 매번 만나는 것도 내 탓이라고 말한다. 매번 똑같은 아침 출근의 괴로움도 내 탓이라 말한다.

내 삶이 달라지지 않고 괴로운 일들이 반복되는 이유를 찾아야만 했다. 뜨거운 삶을 살고 싶었기 때문에 나를 들여다보기를 냉정하게 시작해야 했다.

우리에게 주어진 무수한 시간 동안 우리 자신의 삶을 위해 무엇이 배움이고, 배움에 대한 깨달음은 무엇이었느냐는 질문은 반드시 필요하다.

그리고 자신의 주인으로 살아야 함을 잊어서는 안 된다. 잊는 순간부터 누군가가 내 인생을 손에 쥐고 마구 흔들어 놓기 시작할 것이다. 만약 지금, 그런 상황이라면 자신의 주인으로 살기 위해 자신에게 '무엇이 필요한가'를 반드시 질문을 던져 보아야 한다. 나는 송두리째 흔들어 놓는 갑과 을 관계에서 벗어나고자 스스로에게 '어떻게 살아야 할 것인가'라는 질문을 던졌고 그 질문에 대한 답을 찾는 여정에 서 있다, 누군가에게 위로와 희망을 줄 수 있는 충분한 가치가 있는 일이라 믿는다.

나는 스물두 살 때 "내 나이가 너무 많아 도전을 하기가 두렵다." 라고 말했던 기억이 스쳤다. 지금 생각하면 배꼽 잡고 웃다가 배꼽 떨어질 일이다. 일본에서 유학을 하고 있었고 한국에 돌아와서 다시 공부하고 싶기도 했던 나는 망설이고 있었다. 이유는 나이가 걸림돌이었다. 흘러가면 완성되는 줄 알았던 나이에 말이다. 지금 이 순간, 내가 존재하는 이 순간이 제일 젊을 때인 줄 모르고 더 훗날을 걱정하고 있었던 거였다. 지나고 보면 알게 되는 한 치 앞을 못 보는 우둔함에서 이제는 벗어나고 싶다.

나는 항상 망설이고 있었다.

'잘할 수 있을까.', '못하면 어떡하지.'

'잘 안 되면 어떡하지.', '실패했을 때 내 나이가…….' 졸업반이 되었고 그런데 지금에 와서 생각해보면 나는 정말 아무것도 할 준비를 하고 있지 않고 계속해서 걱정과 자신에게 '할 수 있다'를 마음속으로 외치고만 있었다. 아무것도 하지 않으면서 말이다. 나는 늘 도망치곤 했다. 잘할 수 없을 것 같으면 일단 도망쳐 본다.

한 치 앞만 예상하고 사는 삶은 눈 감아 버리면 앞이 어두워질 수밖에 없는 줄을 알면서 그래도 눈을 감아 보았다. 앞으로 나아가야 할 방향을 정할 수 있음에도 모른 척하고 눈감아 버렸다.

운전을 처음 배울 때 생각이 난다. 운전대를 처음 잡으면 당장 앞만 보인다. 무엇이 앞에 당장 있는지를 보아야 했고 시선을 멀리 뗄 수가 없었다. 더 멀리 시선을 두라는 운전 지도 선생님에게 한 치 앞에도 뭐가 있을까 봐 겁나는데 멀리 어떻게 보냐며 도리어 되물었다. 지나고 생각하면 한 치 앞은 어떻게든 가진다. 그만큼은 가게 되어 있다. 멀리 가기 위해서는 멀리 바라보아야 하고 그래야 앞에 일어날 일들에 대해 예측하고 대비할 수 있다는 것을 깨닫게 되었다. 당장 몇 미터만 가기 위해 시동을 걸고 핸들을 잡지 않듯 나는 오늘도 더 멀리 달리기 위해 기름을 가득 채워 본다.

실패하면 좀 어때!

조금 늦으면 어때!

소리쳐 본다.

글을 쓰기 시작하면서 나는 여느 때보다 즐겁다. 지금보다 더 멀리까지 가야만 도착할 수 있는 장기적인 목표를 세웠고 사람들이 보았을 때 '저 사람은 저 나이 되어서도 뭘 자꾸 찾는대?'라고 할지라도 나는 처음부터 시작하기로 마음먹었다.

내가 진정으로 좋아하는 것은 무엇이고 내가 잘할 수 있는 것은 무엇인지부터 찾아본다. 그리고 덕후처럼 파기 시작한다. 얕게 파다가 '이거다' 싶으면 깊게도 파보고 파다가 쉬다가 뭔가 걸리적거리면 그거 치우는 요량 그 자리도 다시 파본다. 뭐가 나올지 어떻게 아는가!

내가 앉은 그 자리에 다이아몬드라도 나올지 말이다.

하고 싶은 일을 할 때 조차도 몸과 마음이 고달플 때가 있다. 때론 사람들의 시선을 견뎌야 하고 인내의 한계에 다다르는 고통을 느끼게 될지도 모른다.

내가 다니는 직장에서 사람들과의 만남을 통해 배우고 성장하게 한 끊임없는 고통이라고 생각했던 이 모든 것들이 지금을 있게 한 요소들이다. 다들 잘나서가 아니라 내가 부족하기 때문이라는 지나친 겸손만으로는 아무것도 할 수 없음도 알게 된다. 지금 처한 상황을 그대로를 인정하고 내가 가고자 하는 목표만 명확하면 된다.

확신조차 없이 시간에 질질 끌려가지 말고 지금 나 자신에게 할 수 있다고 말해 주는 것, 용기를 가득 채우고 내가 가고자 하는 방향으로 갈 것인가 그것부터 정해라!

난 지금부터 2할의 재산으로 8할의 몫을 해내려 하고 있다. 가슴 뛰지 않는가?

늦은 나이는 물론이고 어떤 순간도 늦은 것은 없다.

늦지 않았다. 오늘을 살자!

4 · 1

프리다 칼로

어릴 적에 너무나 좋아했던 애니메이션 영화 《피터팬》은 네버랜드라는 상상 속의 나라 이야기이다. 주인공 여자 아이 웬디의 아버지는 이 모든 것을 범죄나 허황된 이야기로 치부해 버리고 "더 이상 아이처럼 행동하지 말라" 화를 낸다.

피터팬은 웬디의 집에서 키우는 '나나'라는 개에게 그림자를 물어 뜯겨 그림자를 잃어버리게 된다. 자신의 그림자를 찾으러 왔다가 웬디를 대면하게 되고 더 이상 어린이 방에서 지낼 수 없다는 사실을 듣게 된 피터팬은 웬디에게 어른이 되지 않아도 되는 네버랜드로 가자는 제안을 한다. 그렇게 웬디는 동생들과 함께 여행을 시작한다.

이곳에서 피터팬은 초록색 옷을 입고 있다. 이것이 상징하는 것은 자연, 순수, 원초적인 것으로 자연이 발산하는 에너지로 안정감을 준다.

초록은 진정 효과가 있는 색으로 연한 초록은 중립성과 조용한 느낌을 주며, 짙은 초록은 고요한 느낌을 준다. 극중 인물에서 피터팬과 대비되는 사람은 빨강의 의상을 입고 있는 후크 선장이다. 영화 속에서 이 둘의 관계는 적이며 반대의 성격을 소유하고 있다. 색상환에서는 바로 옆이 아닌 마주하며 최대한의 거리를 유지하고 있는 관계이면서 초록과 빨강, 이 둘을 보색관계라 한다. 두 색이 혼합되면 검정이 된다. 그리고 이 둘이 함께 있으면 서로를 더욱더 드러나게 하는 관계이다. 이렇게 우리가 어릴 적 보았던 애니메이션에서의 주인공들의 옷 색을 통해 심리적 관계를 정리해 볼 수 있다.

그림을 감상하다가 유난히도 초록과 빨강을 자주 대비시켜 즐겨 사용하는 화가를 발견하게 된다.

I hope the leaving is joyful and I hope never to return.
행복하게 떠날 수 있기를, 그리고 다시 돌아오지 않기를.

– 프리다 칼로

페미니즘의 대표적인 사람으로 우리가 잘 알고 있는 '프리다 칼로'가 떠나면서 남긴 말이다.

어떤 의미를 담고 있는 것일까?
그 사람의 삶을 모르고 판단하기란 쉽지 않다.
이 문구만을 두고 봤을 때 행복한 삶으로 살다가 미련 없이 떠날 수 있기를 바란다.

나는 다시 돌아온다면 다시 똑같은 삶이지 않기를 바란다고 해석하고 싶다. 하지만 다시 돌아오고 싶지 않을 만큼 불행하고 아프고 고통스러웠다. 아마도 우리가 가늠하지 못하는 정신적, 육체적 고통이었을 것이다. 겉으로만 바라 봤을 때 프리다 칼로의 일생은 우리가 원하는 삶의 반대의 삶을 살았다.

1907년 멕시코시티 교외 코요아칸에서 태어났다. 사진사였던 아버지는 딸에게 독일어로 '평화'를 상징하는 '프리다'라는 이름을 지어 준다.

여섯 살에 소아마비로 오른쪽 다리를 절게 되었고 그로 인해 내성적인 성격이었지만 스탈린주의자였던 어머니의 열성적인 성격을 이어받아 정치에 관심이 많고 공산주의 옹호론자이기도 했다. 십대 때의 버스 사고로 쇠가 몸을 관통하는 끔찍한 사고로 살아있음이 기적이었던 그녀, 깨어나서도 몸을 움직일 수 없어 육체 속에 정신이 갇히게 된다. 그럼에도 불구하고 그녀는 끊임없는 자신을 그대로 바라보기를 시도한다. 육체 속에 정신이 갇혔다고 포기하지 않았다. 거울을 매달아 자신을 끊임없이 바라보고 자화상을 그렸던 그녀는 너무나 많은 시간이 혼자였기 때문에 자신을 들여다보며 외로움을 달래야만 했다. 그렇게 그녀는 현실을 직시하며 피하지 않고 자신을 마주하고 서 있다.

프리다는 어릴 적 멕시코 문화운동을 주도하던 일에 앞장서던 디에고 리베라가 학교 벽면에 벽화를 그리는 모습을 보고 심리적인 영향을 받았고, 스물두 살 때 마흔세 살의 벽화를 그리는 '디에고 리베라'와 결혼을 하게 된다. 이혼하기 전까지 작품 활동보다는 내

프리다칼로, 〈프리다와 디에고 리베라〉, 1931, 유화

조에 전념했지만 여동생과 외도를 서슴없이 저지를 만큼 리베라의 여자관계는 자유분방하였고 이를 감당하지 못하고 이 둘은 결국 헤어지게 된다. 그러면서 프리다는 자신의 내면 이야기를 담은 작업에 열중하게 되고 이때 많은 작품들이 탄생한다. 하지만 운명이라 생각했을까. 다시 디에고 리베라와 재결합을 하지만 역시 순탄하지 않은 결혼 생활이었다.

피하지 않아서 삶이 순탄하지 않았던 것일까. 피했다면 순탄한 삶을 살았을까?

나는 감히 피했다 하더라도 순탄치 않은 삶이었을 거라 말한다. 어떤 형태의 고통이든 그것은 우리가 고통이라 정의하는 순간부터 고통이 되는 것이니까. 우리가 바라보는 고통을 본인이 고통이 아니라 한다면 고통이 아닌 그것.

그렇다면 우리는 어느 쪽을 선택하겠는가. 용기 있게 똑바로 바라보겠는가. 뒤도 돌아보지 않고 도망가겠는가.

프리다의 자화상을 보면 정면을 응시하고 있지 않는다. 그림을 보는 사람과도 눈을 마주치지 않는다. 어쩌면 초점 없이 허공을 향해 있지만 육체 안에 갇혀 있는 자신을 응시하고 있는지도 모른다. 자신의 삶을 거짓 없이 바라보고 용기 있게 현실을 직시하던 프리다의 그림에는 초록 계열의 색이 많이 사용된다. 초록 계열의 치마를 입고 있고 빨강 망토를 두르고 있는 모습, 초록 계열의 배경에 화살에 맞아 피를 흘리고 있는 모습과 같이 초록과 빨강의 대비를 많은 그림에서 나타나고 있다.

처음에 언급했던 피터팬에서는 자신과 다른 반대의 사람에게 빨간 옷을 입혔다.

하지만 프리다 칼로는 자신의 그림 속에 자신을 이 두 색으로 표출하고 있다. 이것이 의미하는 것은 무엇일까.

붉은색은 정열의 상징으로서 쾌활함과 잔인성을 나타내며 엄격한 인상을 준다. 마음을 흥분시키게 작용하는 한편 우울한 사람에게 자극을 주는 색이기도 하다.

아프고 불안한 삶이었지만 뜨겁고 열정적이었던 그녀 자신을 빨강으로 표현하고 자신이 진정으로 원했던 초록을 안정과 위안, 편안함을 느끼기 위해 둘러씌운 것일지도 모른다.

희저병으로 발가락 절단을 하고 극심한 고통 속에서 프리다는 기념전을 준비하고 행복하게 떠나기 위해 오늘도 힘을 내서 살아냈다. 안타깝게도 건강의 악화와 폐렴으로 1954년 우리 곁을 떠났지만, 우리가 기억하듯 자신을 온전히 여자로서가 아닌 한 인간으로 살아냈음에 박수와 경의를 표한다. 그녀의 그림을 통해 그녀의 삶과 나의 삶을 비교해 보게 되듯 많은 사람에게 영감을 줄 수 있는 그림이라 판단되었기 때문에 1984년 멕시코 정부는 그녀의 작품을 국보로 분류하게 된다.

그 누군가에게 주는 상처는 미처 챙기지 못하더라도 누군가로부터 받은 상처들로 오늘을 좌절하기도 하고 아파하기도 한다. 조용한 시간 모두가 잠든 시간에 나는 슬프도록 잠을 이룰 수가 없는 날들도 많지만 그녀가 해내었듯 내면과 직면하는 과정을 통해 자신을 바라볼 수 있는 용기로 주어진 오늘을 감사히 살아보련다.

프리다칼로, 〈침대 위의 자화상〉, 1937, 유화

4 · 2

그래도 괜찮아

신사임당

남존여비 사상이 짙었던 조선 시대에 스승 없이 화가 안견의 산수화를 보고 그림을 배우는 일곱 살의 여자 아이가 있다. 안견의 영향을 받은 화풍은 여성 특유의 섬세하고 정교함을 더해 우리나라의 최고의 여류작가로 기억되고 있는 그 여자 아이는 자라 꽃, 풀, 곤충, 채소의 소재로 초충도를 즐겨 그렸던 조선 시대의 신사임당이다.

우리나라 지폐 5만 원 권에 그려진 신사임당은 시문과 그림에 뛰어나 여러 편의 한시漢詩 작품이 전해지고 산수와 포도, 꽃과 풀벌레 등을 주제 삼아 그린 그림이 많다.

수박과 들쥐의 그림에는 한여름 날 수박밭에서 들쥐가 수박을 바지런히 갉아먹고 있는 장면이 그려져 있다. 나비 한 쌍이 그 위를 훨훨 날아다니는 이 장면은 일상에서 흔히 볼 수 있는 소재지만 그린 사람의 여유가 느껴지는 편안한 그림이다. 우리나라의 전통 회화에서는 상징적이고 정신적인 면을 강조했다. 초충도에서도 사물들이 가지는 의미를 엿볼 수가 있는데 하나의 사물에 여러 가지 상징이 존재하긴 하지만 신사임당이 바라보았던 수박과 들쥐에서 그려진 수박에서는 여자의 자궁을 상징 한다. 그리고 들쥐는 아들, 나비는 부부의 화합을 상징한다.

훗날 사람들은 이상적인 여성상하면 신사임당을 떠올리곤 한다. 여기서 이상적인 여성의 조건이라 하면 내조 잘하고, 자식 잘 키우는 온화하고 인자하면서 지혜로운 어머니 같은 인간상을 말할 것이다. 사실 이러한 여성이 진짜 존재하는가는 의문이지만, 거기다가 그림까지 잘 그린다면 이보다 완벽할 수 있겠는가. 물론 이것은 조선 시대에 중요한 부분이 아니었을 것이지만.

그 당시 사대부 여성들의 삶은 어땠을까.

남성 중심 사회였던 조선 시대는 양반 집안의 여성일지라도 정식교육을 제대로 받지 못했다. 단지 조상의 이름 정도 읽을 수 있는 수준이었지 깊은 학문을 가르치진 않았다. 그런데 신사임당은 어릴 적부터 워낙에 영특하여 어머니와 아버지로부터 교육을 받아 경서에 능통했고, 그림에도 탁월한 소질을 보였지만 시대적 한계로 인해 꿈을 꾼다거나 이상을 펼칠 수는 없었다.

신사임당은 섬세한 필치와 화사한 색채는 왜 꽃과 풀, 벌레와 같은 소재만을 그리는데 국한되어 있었을까?

그 이유는 조선 시대의 양반 여성들은 집 밖 외출이 자유롭지 못했고, 남성들이 드나드는 사랑채조차 자유롭게 드나드는 것에 제약이 있었기 때문에 한정된 공간에서 자신이 볼 수 있었던 것은 앞

신사임당, 〈수박과 들쥐〉 초충도, 1504~1551

마당의 소재들이었다. 자유롭지 못했으니 그녀가 집에서 그릴 수 있는 소재를 찾으면서 만족해야 했을 것이다. 하지만 사소한 것의 즐거움을 알지 못하면 그것 또한 불행한 것이라 여겼던 신사임당은 일상을 감사해 하며 살아가는 낙천적인 여성이었다. 하지만 화가들이 그려 놓은 산수화를 보며 간접적으로나 당신이 거닐지 못한 그곳을 마음으로 거닐었을지도 모른다.

어찌 이 시대에 더 큰 세상을 보기 위해 꿈꾸고 야망을 품을 수 있었겠는가. 남성 중심 사회의 제약 속에서도 자신의 예술적 재능을 포기 하지 않고 화폭에 자신의 벗이었던 풀과 벌레들을 담아 두었다. 덕분에 우리는 그 시대의 그림을 통해 그녀의 작품을 접할 수 있지만 바라보고 있자니 왠지 서글픈 마음이 든다.

아내이자 누군가_{율곡}의 어머니, 그리고 한 여자의 삶은 우리의 모습과 닮은 점이 많다. 신사임당과 같은 여성이 되지 못할지라도 내조 잘하고 아이 잘 키우며 경제력까지 갖추고 있다면 최고의 이상적이라고 말할지 모른다.

지금 우리의 모습을 되돌아보았을 때 가진 것이 너무 많아 할 수 있는 가능성이 많은 듯하여도 우리 깊숙이 박혀 있는 보수적인 문화 정서가 짙은 곳은 쉽게 바뀔 수 있는 것들이 많지 않다. 여성이라는 옷을 벗어 버리고 '나'라는 주체로 내가 가진 재능과 가능성을 시험해 보고 싶다.

내가 포기하고 안주할 수 있는 이유는 너무나 많다. 현실의 불리함이 이유이고, 사회 구조의 불합리함이 내가 포기할 수 있는 이유였지만 그렇다고 포기하지 않겠다. 적게 가지고도 행복할 수 있고 많이 가지고도 불행할 수 있다는 것을 알면 앞으로 어떤 생각으로 헤쳐나가야 할지 방향을 잡을 수 있다. 불평불만은 저 멀리 가져다 버리고 그녀가 그린 그림에서 보이듯 어제도 아닌 내일도 아닌 이 순간을 감사한 마음으로 살았음을 느낄 수 있다. 소리를 내는 것을 대신해서 조용히 그 시대에 순응하며 살았지만 남겨진 그림을 통해 그녀가 하고 싶은 말 이상을 담고 전해 주고 있다고 믿는다.

나는 누구이고, 나는 무엇을 할 수 있으며, 먼 훗날에 따뜻한 사람으로 누군가에게 기억되기 위해서는 무엇을 해야 하는지. 오늘도 나는 여전히 생각하고 있다. 그 답을 찾는다면 그림이든 글이든 음악이든 무엇으로든 좋겠지만 꼭 책으로 남겨졌으면 더 좋겠다.

4 · 3

나는 독립할 수 있다

페미니즘은 사회적인 성차별, 남성 중심적인 시각으로 여성이 억압받는 현실에 저항하는 여성 해방 이데올로기를 말한다.

당신은 페미니스트인가?

페미니스트란 모든 성별이 사회적, 정치적, 경제적으로 평등하다고 믿는 사람들이다.

생각 외로 페미니스트란 단어를 두고 불편해하는 사람들이 많다. 하지만 정확한 뜻을 알고 나면 아주 합리적이고 어쩌면 너무나 당연한 말임을 이해할 수 있다. 불평등한 구조에서 불평등하게 차별받는 여성들이 많다는 사실이 불편해질 것이다.

직장에서 하고 싶은 말보다는 수긍하는 편이었다. 왜냐하면, 비정규직이 약자라고 생각하고 있었고, 상황 탓에 큰소리를 내서 내 의견을 피력하는 것이 에베레스트 등반하기 위해 마음먹는 것만큼 만만한 일이 아니다. 하지만 이것은 운명처럼 벗어날 수 없는 굴레같이 끝이 없었다.

이 굴레를 벗어나기 위해서는 말을 하거나 화를 내는 여자가 될 수밖에 없다. 왜냐하면, 그들은 내가 화내지 못하는 '여자'쯤으로 보고 있다는 생각이 들었기 때문이다. 불합리한 상황이라 생각되어 의견을 이야기했을 때 '너무 세다'라는 말을 듣게 된다.

'세 보인다'라고 말하는 사람은 다름 아닌 남자였다. 여자는 세 보이면 안 되는 문화가 여전히 존재하고 있고, 화내는 순간부터 성질이 고약한 여자, 드세 보이고 억척같은 여자로 보인다는 것을 몸소 느낄 수 있었다. 그것을 감수해서라도 우리는 또, 나는 달라져야 할 필요가 있다.

여자로서 행동해야 하는 몸가짐에 대해 어릴 적부터 너무 많은 시간 동안 들어 왔다. 그런데 그것이 잘못된 고정관념에서 시작되었다는 것을 알고 있으면서도 나도 모르게 우리 딸아이에게 말하고 있다. 여자아이는 다리를 벌려 앉으면 안 되고, 웃을 때도 큰소리를 내서 웃으면 별로이니 다소곳이 예쁘게 웃으라고 말하고 있었다.

일본 유학 시절에 친구 집에 초대를 받아 가게 된 적이 있었다. 모두들 좌탁을 앞에 두고 꿇어앉아 있는 게 아닌가. 나는 꿇어앉는 것이 익숙하지 않아 그렇게 앉는 것이 무척 거북스러웠다. 어떤 느낌이었냐면, '당신을 위해 제가 모든 것을 희생할게요'라는 그런 인상을 받았다. 그렇게 일본인 여자 친구들은 무릎을 꿇고 너무나 순종적인 자세로 파티가 끝날 때까지 그 자세로 앉아 있었다. 나는 그 자세로 계속 앉아 있는 모습이 놀라울 따름이었다.

나는 우리가 흔히 말하는 아빠 자세, 가부좌를 틀고 앉아 있었는데 나보고 "왜 너는 남자아이처럼 그렇게 하고 있냐"고 친구가 물었다. 집에서 가족들하고 있을 때 그렇게 해도 되냐며 친구들이 물었을 때 '이게 이상한건가……? 그래 이상하구나. 여자답지 않게 앉아서 그들 눈에 이상하게 보였겠구나.' 하는 생각을 했던 기억이 난다.

문화가 사람을 만드는 것인가?

사람이 문화를 만드는 것인가?

이 말은 전자도 맞고 후자도 맞는 말이다. 문화가 사람을 억압하고 그로 인해 문화 안에서 사람이 만들어진다. 하지만 그러한 고정관념에 의해 만들어진 문화 또한 사람이 만드는 것임이 틀림없다. 우리는 잘할 수 있는 것을 하며 살아간다. 하지만 그 잘한다는 것이 고작 어릴 적부터 남자와 여자의 구분을 지어 두고 틀에 맞춰진 문화적 산물에 불과한 것들이 얼마나 많은가.

요즘은 남자가 요리하는 프로그램이 워낙에 많아서 직업의 성격으로 남자, 여자를 구분하는 일이 없어졌다고 말하지만 나는 눈에 보이는 단순한 몇몇의 직업만으로 이 모든 것이 평등해졌다고 보지는 않는다.

사회의 약자는 누구라고 생각하는가?

비정규직, 그리고 여자, 그리고 워킹맘으로 산다는 것.

공감 가는 부분이 있는가?

우리는 자신을 하나의 인간으로 보는가?

여성과 남성이라는 성으로 구분해서 보는가?

아직도 여성이 해야 할 부분과 남성이 해야 할 부분이 나뉘어 보이는가?

뿌리 깊은 문화의 정서가 사람을 만드는 것이 어찌 이리도 불편한지 모르겠다.

아무리 비정상적이었던 일들도 우리가 일을 거듭하면 그것은 옳고 그름을 떠나 그 일은 당연한 것이 되고 그것이 정상적인 것처럼 보인다. 우리는 이러한 불이익이 만연해 있는 문화적 인식으로부터 긍정적 인식 변화를 꿈꿔야 하고 실천해야 변화가 될 것이다. 어렵겠지만 일단, 꿈부터 꾸어야 이상적인 페미니스트들처럼 모든 성별이 사회적, 정치적, 경제적으로 평등해지는 사회가 오지 않을까?

2
나는 어떤 생각을
하고 있는가

뭉크

2012년 뉴욕 소더비 경매에서 1,355억 원에 낙찰된 에드바르 뭉크 1864~1944의 〈절규〉이다.

〈절규〉에 한 남자가 얼굴을 양손으로 감싸고 다리 위에서 부르짖고 있다. 이는 왜 이토록 공포스런 얼굴을 하고, 무엇에 대한 공포를 표현하고 있는가. 흐느적거리는 사람과 흐느적거리는 하늘의 배경은 우리의 마음 깊은 곳의 무늬

에드바르 뭉크, 〈절규〉, 1910, 유화

일지 모른다. 저 혼의 외침이 들리는 듯하다. 빨간 하늘의 형태는

거칠고 연기처럼 구불구불거린다. 정신적인 탈피의 아픔이 전이된 듯 마음 한편이 아프다.

"나는 두 명의 친구와 길을 걷고 있었다. 일몰을 보고 있었다. 하늘이 갑자기 피처럼 빨갛게 바뀌었다. 나는 그 자리에 발걸음을 멈춘 채 다리 난간에 가까이 갔다. 굉장히 피곤한 상태였다. 검푸른 피오르드(협만)와 도시 위에는 피와 혀 같은 노을이 물들어 있었다. 친구들은 계속 걸었고 나는 남았다. 공포에 떨면서… 그리고 나는 풍경을 뚫어지게 응시하면서 큰 외침을 들은 것이다."

– 뭉크의 일기 中

어린 나이였던 다섯에 엄마의 죽음과 곧이어 동생, 누나의 죽음을 받아들여야 했던 뭉크는 죽음이라는 공포를 안고 성장해야 했다. 뭉크는 조현병을 가지고 있었는데 자라는 동안 느낄 수 없었던 모정의 결핍과 사랑하는 사람들의 죽음을 받아들

에드바르 뭉크, 〈죽은 어머니〉, 1899~1900, 유화

에드바르 뭉크, 〈봄〉, 1889, 유화

이기엔 너무 어렸다. 죽음에 대한 충격은 자신을 향한 냉대로 일생 토록 자신을 괴롭히는 병이 되고 만 것이다. 그의 그림에는 죽음 불안, 공포를 테마로 표현된 작품들이 많다. 어릴 적부터 죽음의 미학에 관심을 가지게 된 것도 성장하면서 겪은 일들의 영향 때문일 것이다. 사람들이 말하기 꺼리는 죽음이나 고통, 고독과 같은 주제로 표현된 죽음의 시리즈는 당시 비평가들에게 예술에 대한 모독이라며 비판을 받아야만 했지만 결국 사람들은 인간이 겪을 수밖에 없는 이별의 아픔을 공감하게 된다. 우리들의 무의식 속에 존재하고 있는 누구나가 가진 두려움이기 때문이다.

〈죽은 어머니〉, 〈봄〉, 〈병든 아이〉와 같이 일련의 죽음 시리즈에 앞서 그려진 것이 〈절규〉였다. 〈봄〉의 작품 속 소녀는 뭉크의 누나이다. 15세 나이에 폐결핵으로 세상을 떠난 누나를 회상하며 성인이 된 뭉크는 사랑과 죽음, 육체의 떠남으로 사랑의 간절함과 그리움을 담아 살아가는 에너지로 이러한 작품들을 표현하였다. 보는 이로 하여금 그 고통이 얼마큼인지 가늠할 수 있도록 말이다.

가끔은 마음이 건강하지 않을 때 누군가에게 위로받고 싶을 때가 있다. 뭉크 자신이 가지고 있는 마음의 병이 온전히 표현된 그의 그림들을 보며 어쩌면 나보다 더 아픈 사람이었던 그를 통해 자신이 세상에서 가장 불행할 것이라는 오해에서 벗어나게 될지도 모른다.

〈절규〉에서 나타난 빨강은 생명의 상징인 동시에 죽음의 공포에 대한 색으로 나타내고 있다. 우리 깊은 곳에 원초적 기억인 생명의 탄생과 죽음에 대한 공포가 내재되어 태어난 작품이라 볼수 있다.

〈봄〉 그림을 보고 있자니 우리가 어찌할 수 없어 가만히 손 놓고 바라만 보고 있어야 했던 당시의 상황이 그려진다. 누이는 검정 옷을 입고 힘없이 늘어트린 손과 창백해진 얼굴을 하고 창으로부터 보이지 않는 바람이 그녀의 볼을 스친다. 푸른 잎과 꽃봉오리를 맺고 있는 생명과 마주하고자 하지만 그녀에게는 그마저도 여의치가 않다. 검은색과 흰색의 대비가 강한 그림이다. 생명과 죽음을 떠올라 가만히 말없이 바라보다 눈을 돌린다.

1 · 2
진실을 직면할 수 있는
용기를 가졌는가

현재 지금 내가 겪고 있는 상황과 진실을 직면할 수 있는 용기를 가지고 들여다본다.

사람들은 색에 대한 욕구가 본능적으로 있기 때문에 심리적 균형을 가지기 위해 색에 대한 편견을 버리고 받아들임이 필요하다. 아이들처럼 색채를 보면 편견 없이 받아들이고 표현할 수 있어야 한다.

아이들은 원초적인 색채 감각을 가지고 있기 때문에 어린아이들의 그림에서 얼굴을 붉은색 또는 원하는 색을 아무렇게 칠하는 것을 종종 볼 수 있다. 하지만 이것은 그 본래가 가진 색을 표현하는 것이 아니라 그 아이가 가진 감정의 색이라 보면 된다. 성장할수록 감정의 색들이 사라지는데 이것은 어린이의 풍부한 감정이 사라짐으로 해서 자신의 마음을 표현하는 방법을 잃어버리고 있는 것일 수도 있다.

어릴 적 자신이 자주 그리던 그림 패턴이 한 가지씩 있을 것이다. 나는 아침 일찍 일어나 하늘을 보며 체조하는 그림을 자주 그리곤 했다. 원초적인 외침과도 같은 빨강의 상징인 떠오르는 붉은 태양을 향해 두 손을 번쩍 들고 있는 장면. 순식간에 떠오르는 태양처럼 나는 항상 조급했다. 아침에 떠오르는 태양처럼 열정적이지만 금세 식어 버리고, 해가 지고 나면 오늘 뜨거운 태양처럼 열정적이지 못했음에 실망하고 스스로를 자책하곤 했다. 늦도록 잠 못들게 했고 이러한 자신을 들여다보지 못하고 끊임없이 결과에만 집착하며 좌절하곤 했다.

지금 느끼는 분노와 슬픔과 절망의 감정들의 원인을 외적인 것에 집착하기 시작하면 겉으로 보이는 현상외에는 찾을 수 없기 때문에 조금도 나아짐이 없다.

1 · 3

색채 심리

색과 마음은 어떤 관계일까?

오늘의 기분을 색으로 표현하면 어떤 색일까?

음악을 듣고 색으로 표현하면 어떤 색일까?

내 과거의 어느 시점을 색으로 표현한다면 어떤 색으로 표현될 수 있을까?

가끔 사람들은 대화를 하다가 추상적으로 떠오르는 한때를 자신도 모르게 색으로 말하는 경우를 종종 보았다. 자신의 유년 시절을 떠올리며 불우했던 가정사 이야기 부분에서 '회색빛이었던 그때'라고 말하는 친구가 있었다.

이렇듯 색은 마음의 에너지를 발산하는 기능을 가지고 있다. 좋아하는 색을 사용해서 그림을 그릴 때 그 자극에 따라 기분이 차분해지고 긴장이 풀리기도 한다. 보이지 않는 심리가 그림 활동을 통해 전해질 수 있다는 것은 놀라운 일이 아닌가?

말로 다 전하지 못하는 감정과 그림으로 다 표현하지 못하여도 색을 통해 내가 느끼는 감정을 되돌아보게 하는 이처럼 쉬운 힐링 또한 없다.

약 반세기 전인 1947년 미국 여성 교육자 알 슈유라와 하트 위크가 '페인팅과 퍼스널리티'라는 리포트를 발표하였다. 컬러테스트 심리학 이후 색채 심리 연구에 영향을 미치는 선구적인 것이 되고 어린이들이 자유로이 그린 낙서와 같은 그림에서 색의 쓰임을 분류하고 색채와 심리 상태와 건강 상태와 관련해 조사한 것이다.

어린이들은 감각에 의존해서 색을 선택한다. 아이들은 선입견이 적은 만큼 선택한 색은 감정을 직접적으로 반영하게 되는데 4~5세까지는 형태 그 자체를 제대로 표현하지 못하기 때문에 색이 중심이 되어 표현된다. 아이들이 자라면서 상식이 늘어나고 감정을 표현하는 그림에서 지식을 표현하는 그림으로 변화되어 간다. 어른들이 아이들의 그림을 바라보며 제일 많이 범하는 오류 중의 하나가 "색을 잘못 칠했다"라든지 "왜 장난을 치고 있니"라는 말을 하는 것이다. 물론 성장한 인간은 이미지가 풍부한 그림을 그릴 수 있게 된다. 그것은 단지 마음을 표현하는 우뇌적 그림에서 관찰화 같은 좌뇌적 그림으로 강제적으로 바뀌는 것일 뿐이다.

빠르게 변화하는 사회를 살아가기 위해 우리는 숨차게 움직이고 그 활동으로 스트레스 과잉으로 정신은 피폐해지고 의학은 발달했지만 아픈 곳은 더 많아지고 원인 모를 병에 시달리고 있다. 스트레스를 풀기 위해 무언가를 더 많이 하게 되고 제대로 쉬는 방법조차 몰라서 휴식을 취할 수도 없다. 상업적으로 힐링, 테라피와 같은 말로 사람들을 유혹하지만 진정한 휴식은 자신의 마음을 쉬게 해 줄 컬러 한 가지만으로도 충분한데 말이다.

요즘 취미 생활로 캘리그래피를 하면서 긴장 이완의 효과를 보고 있다.

마음대로 그린 낙서 또한 긴장 이완 효과를 준다는 점에 착안하여 수업에 마음대로 쓴 손글씨를 주제로 입시에 스트레스가 많은 고등학생들을 대상으로 '다양한 컬러로 캘리그래피'를 표현하였다. 마음이 끌리는 대로 다양한 색으로 글을 써보고 그림도 그려 보면서 자신이 하고 싶은 말을 쓰는 것을 통해 각자가 갖고 있는 생각을 표현하는 수업은 예상했던 것보다 효과가 컸다. 학생들은 자신의 일상에서 가장 행복한 시간이라며 즐거움을 표현했다.

이 수업이 인간에게 주는 결정적인 효과는 무엇이었을까.

자연스러움이다. 그리고 심리에 따라 끌리는 색을 사용하면서 압박감을 해소한다. 그런 다음 자신이 무슨 생각을 하는지 시각화시켜 보게 한다.

어떤 글을 쓸지, 무엇을 그림으로 표현할지, 어떤 색으로 꾸밀 것인가를 생각하면서 우뇌 활동과 좌뇌 활동을 균형 있게 사용하였다. 평소 좌뇌 활동을 수업에 할애하는 시간이 많은 반면 우뇌 활동 수업이 적었기 때문에 학생들은 이 시간을 통해 휴식을 한다고 느끼는 것이다.

아마도 우뇌 활동을 통해 기쁨, 분노와 같은 자신의 감정을 눈으로 보게 됨으로 정리가 되었던 것이다. 자신의 글, 색 선택과 사용은 자기 현재의 심정이나 기분을 나타내고 스트레스를 해소할 수 있는 가장 정적인 방법일 것이다. 모든 병은 마음에서 기인된 것이라 말해도 과언이 아니다. 시험 기간이 되면 아이들은 스트레스를 심하게 받고 그로 인해 감기와 같이 아픈 곳을 호소하는 경우가 많았는데 이러한 수업을 통해 스트레스를 풀고 긴장된 몸을 이완시킬 수 있었다.

쓰에나가 타미오의 《색채심리》에서 색채학교를 통해 색채 치료법 중에서 암 환자에게 암의 치료를 상상하면서 자유롭게 색을 칠하도록 했을 때 20~30%의 사람들이 손과 발이 따뜻해지는 체험을 했다. 자율신경계에 영향을 준 것은 아닐까라는 의사의 소견이 있었으나 '긴장 이완을 보조하는 이미지 트레이닝의 효과가 적지 않게 느껴지는 대목이다'라는 내용이 있다.

색을 통해서 기분 전환이나 이미지트레이닝을 할 수 있다.

하지만 내가 색채를 알고자 함은 유행 색을 통한 코디를 위한 것이 아니었다. 색채가 가진 힘으로 심리 작용에 도움을 준다는 것을 앎으로써 생활이나 내가 하고 있는 예술 프로그램 수업에 활용하고 싶었던 이유였다. 색의 다양함이 우리의 마음을 언어를 대신해서 표현할 수 있다는 것이다. 종종 노랑과 검정 대비의 옷을 입는 사람들을 본다. 노랑은 빛의 상징으로 따뜻함을 원하지만 여기서 강한 대비로 검정을 사용하는 것을 보면 어려운 상황을 직면하고 있는 경우가 종종 볼 수 있다. 고흐의 그림에는 노랑 색이 많다. 이러한 예처럼 빛과 같은 희망, 따뜻함도 있지만 답답한 자신의 심정을 담고 있는 경우도 있다. 보라색은 빨강과 파랑이 섞여야 나오는 색이다. 빨강과 파랑의 대비되는 강함과 차가움이 섞여 나오는 신비로운 보라색은 심신이 지쳐 있을 때 끌리기도 하는데 빨강과 파랑이 가지고 있는 성질을 보면 정반대 감정이 심리 안에서 갈등으로 나타내고 있다고 볼 수 있다. 하지만 색을 통해 회복하려는 에너지로 볼 수 있기 때문에 아름다운 색이고 신비로운 색으로 받아들여도 좋을 것 같다. 뒤에 나올 피카소의 청색 시대의 파랑이 상실과 재생의 마음을 상징하고 있다는 것을 알게 되듯 들여다보면 생활 속에서 알게 모르게 우리의 정신과 신체는 색에 많은 도움을 받고 있다. 아무것도 아닌 것 같고, 매일 똑같아 보이는 일상일지라도 빛에 의해 변화하는 색은 우리의 정신을 윤택하게 하고 재생시키는 기능을 가진다. 색을 통해 삶의 즐거움을 느끼고 도움을 받고 있음을 직접 발견했으면 좋겠다.

강세황의 자화상

강세황, 〈자화상〉, 1782, 비단에 색

표암 강세황의 일흔 살에 그린 자화상이다.

자화상에 옆에 쓴 글, 발문을 보면 자필로 이렇게 쓰여 있다.

'저 사람은 누구인가'

타인에게 물어본 듯 묻고 있다.

좌우로 나누어져 쓰인 글에 의하면, '머리에는 관리가 쓰는 검은 모자를 쓰고 있고 몸에는 야인의 옷을 걸쳤다.'라는 말은 검은 관모는 벼슬아치가 쓰는 모자이고 옷의 흰 도포 차림은 벼슬에 나가지 않는 선비들의 평상복인데 마음은 한적한 산수 간에 있지만 몸은 관직 생활을 하고 있음을 현재 자신을 성찰하듯 말하고 있다.

수염과 눈썹은 눈처럼 희다. 얼굴과 주름과 광대뼈를 숨기거나 미화시키지 않고 그 모습 그대로 표현되어 있다. 가진 것에 대한 과시도 없고 허영과 물질에 의한 욕망보다는 오로지 자신은 누구인가에 대한 성찰만이 존재했다. 그래서 잘생겨 보이기 위해 얼굴을 달리한다거나 키를 크게 하는 따위의 그림 속 성형을 용납하지 않는다. 있는 그대로의 모습을 표현하기 위해 자신을 들여다보고 살아온 세월의 흔적과 참됨을 그대로 표현함으로써 자신의 삶을 있는 그대로 인정하였다. 흉터 자국마저도 자신이기에 어떠한 거짓도 없이 표현한 것이 우리 전통 자화상의 특징이다.

털 한 올 한 가닥조차 그대로 표현해야 진정한 자신을 표현했다고 말하는 우리의 전통 자화상에서는 포토샵 기능은 존재하지 않는다. 보이는 모든 것이 현재의 나의 전부라고 보는 정신적인 면까지도 담고자 한 명확한 자기 세계관을 보여줄 뿐이다.

서양의 자화상은 우리의 전통 자화상과 또 다른 관점을 가지고 있다. 대표적으로 쿠르베의 자화상을 보자면 이러한 차이를 발견할 수 있다.

쿠르베의 자화상에서는 자신이 가진 허세와 자신감이 드러날 수 있도록 나를 상징할 수 있는 담배 파이프를 들고 있는 모습을 보여줌으로 야심만만한 자부심과 자기애를 과감히 드러내고 있다.

2 · 2

사실만을 바라본다

쿠르베

쿠르베의 유명한 일화가 있다. 낭만주의 그림에 대한 반기를 들었던 쿠르베는 누군가가 천사 그림을 그려 달라고 의뢰했을 때 "내가 천사를 그리기를 원한다면 내게 천사를 보여 주시오"라고 말했다는 일화다. 쿠르베는 대상을 확대나 변형을 행하지 않고 현실에 있는 사실을 그대로 보여 주는 사실주의 화파에 속한 사람이었다. 사실주의 화파에 속해 있지만 쿠르베의 자화상에서는 몽환적인 분위기가 나타난다. 자화상이라는 단어는 자아를 의미하는 self와 자의식을 그린다는 뜻의 portray가 합쳐진 것으로 자신을 끄집어내는 행위이다.

나르시시즘에 빠진 듯한 이 표정은 분명 우리의 전통 자화상에서는 볼 수 없는 부분이다. 우리 전통 자화상에서는 사진과도 사실적인 표현으로 그간의 살아온 모습에 대한 책임과 평가받기를 원하고 있다.

〈검은 개를 데리고 있는 쿠르베의 자화상〉은 1844년 살롱에 출품하여 입선한 작품으로 23세 때 그린 작품이다. 턱을 살짝 올린 채 눈을 내리뜬 쿠르베의 자신감 넘치면서 오만하게 보이는 모습을 볼 수 있다.

구스타프 쿠르베, 〈검은 개를 데리고 있는 쿠르베의 자화상〉 1842~1844, 유화

"화면의 장소는 파리에 있는 나의 화실이다. 그리고 아뜰리에의 도덕적 물질적 여러 사건의 전부이다. 중심에는 나 자신이 풍경화를 그리고 있다. 오른편에는 친구 동료, 나의 예술 세계를 후원하는 사람들이 묘사되어 있고 왼편에는 나의 예술 세계를 이해하지 못하는 비참한 군중들로 묘사되어 있다."

-쿠르베

〈화가의 아틀리에〉를 보면 거의 실물 크기로 제작된 그림으로 자신을 중심으로 왼편에는 사회의 현실, 인사들의 그룹, 오른쪽에는 철학자, 작가, 시인들이 배치되어 있다. 화면 중앙을 제외한 양쪽 부분은 검은색으로 어둡게 처리했고 중심부에 예술가인 쿠르베의 자화상이 표현되어 있다. 사실 세계와 예술 세계를 연결해 주는 중계자의 역할을 하고 있는데 그는 있는 그대로의 사실을 이 그림을 통해 이야기하고 있다.

구스타프 쿠르베, 〈화가의 아뜰리에〉, 1855, 유화

구스타프 쿠르베, 〈상반신의 초상화〉, 1853, 유화

외로운 길일지라도 허상보다는 눈으로 진실만을 보겠다던 쿠르베의 다짐이 보여지는 그림이다. 그는 사실과 진실만 그리겠다고 선언하고 그전까지 화가들에게는 다루어지지 않은 소재로 노동자 계급의 실존에 대해 표현하기도 하는데 사실주의 대표작으로 꼽고 있는 〈돌 깨는 사람들〉은 세계 제2차 대전 때 불에 타 버려 현재는 볼 수 없지만, 아름답고 이면에 감춰진 모습들을 포장하던 낭만주의와 같은 그림에 혐오감을 드러내며 신화나 영웅의 그림에 대해 치를 떨었다. 하지만 시대의 흐름과 역방향으로 흘러가는 것은 결코 쉬운 일이 아니다. 그의 생각이 변하지 않도록 이러한 것들을 단단히 묶어두며 살아가기엔 삶이 고되었을 것이다. 더욱이 그를 외골수로 만들었고 그도 현실을 냉정하게 바라보았지만 자신이 존재하던 현실 또한 냉정하기만 했다. 진실 되고 정의로울지 모르지만 현실은 그간의 삶이 녹록지 않았음을 자화상에서 드러난다.

　사실적인 표현으로 외부 요소와 내면에서 일어나는 생각들을 일치시키고자 노력했던 쿠르베는 중년이 되서는 자신만만하던 젊은 시절의 모습은 사라지고 다소 뚱뚱해진 모습으로 보여지고 있다. 하지만 전통적인 관습이나 종속적인 관계보다는 주도적으로 삶을 살아가기 위해 노력했다. 자율적인 예술 세계를 구축하는 역할을 하기 위해 평생의 노력으로 예술 영역의 독립적인 위치로 설수 있게 한 사람이 아닐까 생각한다.

2 · 3

렘브란트의 모델

    끊임없이 자신을 그리던 렘브란트는 살아생전 자화상을 100어 작품을 남겼다.

    인물이 정면을 쳐다보는 초상화를 그리던 시절에 렘브란트는 새로운 집단 초상화를 시도하였다. 1631년 외과의사 니콜라스 틀푸 박사를 그려 달라는 의뢰로 수술실 안의 움직임을 세밀 묘사한 그림으로 화단에 호평을 받으면서 네덜란드를 넘어 유럽으로까지 유명해지게 되었다. 이로 인해 렘브란트는 부와 명예를 가지게 되었고 그 이후에 사수협회에 단체 초상을 의뢰받고 〈야경 : 프랑스 반닝코크 대장의 민병대〉가 사람들에게 혹평을 받으며 부와 명예를 가져다주던 고객들의 발길이 끊기게 되고 평소 사치와 낭비벽이 심했던 그는 빈곤의 삶으로 추락하게 된다.

    이후, 렘브란트는 모델료로 불평하는 사람도 없고 남의 얼굴을 그릴 때 어려운 점을 모두 제거한 채 오로지 자신을 응시하며 들여다봄으로써 영욕의 일생을 기록하였다.

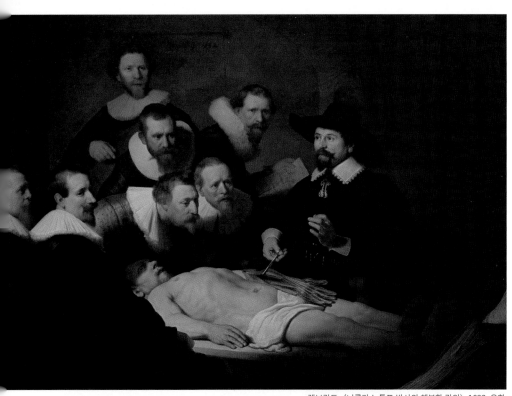

렘브란트, 〈니콜라스 툴프 박사의 해부학 강의〉, 1632, 유화

렘브란트, 〈야경 : 프랑스 반닝코크 대장의 민병대〉, 1642, 유화

그의 자화상은 그려진 자서전이라고도 볼 수 있는데 초기 자화상
은 얼굴의 표정, 생김새를 연구하는 그림이었다면 집단 초상화 사
건 이후로 말년까지는 화가로서 자신을 탐색하고 되돌아보듯 성찰

렘브란트, 〈자화상〉, 1663년 무렵, 유화

하는 그림을 그렸다.

반 고흐의 자화상은 어떤 사건, 계기가 있을 때만 자화상을 그렸는데 반해 렘브란트는 끊임없이 자신을 들여다보고 그렸다. 37세에 아내의 사망과 51세에 파산선고를 했고, 63세에 아들의 죽음과 돈도 가족도 잃은 그의 삶이 고스란히 묻어 있다.

당장은 보이지 않을지도 모른다.

지금은 앞이 보이지 않을 수도 있지만 우리는 우리의 여정을 훌륭하게 마치고 걸어온 길을 되돌아보며 회고하는 그 순간의 내가 두렵지 않기 위해서는 자신에 대한 끊임없는 성찰과 반성이 있어야 할 것이다.

내가 누구인지 알아야
앞이 보인다

내가 남을 사랑해도 남이 나를 가까이 하지 않으면 인자한 마음이 넉넉했는지 되돌아보고, 내가 남을 다스려도 다스려지지 않으면 지식과 지혜가 부족하지 않았는지 반성해 볼 것이며 예로 사람을 대해도 나에게 답례를 하지 않으면 공경하는 마음이 충분했는지 살펴보아야 한다. 어떤 일을 하고도 성과를 얻지 못하면 자기 자신에게서 그 원인을 찾아야 한다. 자신이 바르다면 온 천하 사람이 다 내게로 귀의할 것이다.

- 맹자

아로새긴다.

존재한다는 것

'나는 생각한다. 고로 나는 존재한다.' 데카르트의 이러한 명제는 생각의 질과 존재에 대한 관계를 고민하게 한다.

나는 생각한다. 나는 생각하지 못하는 사람인가. 생각하지 않는 사람인가. 자신을 알고 있다는 것, 자신을 모르고 있다는 것을 아는 것. 나를 모른다는 사실조차 알지 못하고 있는 것. 이러한 생각들이 우리에게 던지는 의미는 삶을 대하는 태도에 대해 고민을 해보라는 말일 것이다.

존재에 대한 생각을 하기 때문에 존재할 수 있는 것인지 생각하기 때문에 존재한다 하는 것인지. 또 존재에 대한 가치를 이해하고 도리를 다하고 공존하기 위해 애쓰는 것은 나를 위한 것이 될까? 너를 위한 것이 될까?

너를 위한 것이 곧 나를 위한 것이고 우리를 위한 것이 되기 때문에 오직 나를 위한 것 또한 되기도 한다.

데카르트는 어쩔 수 없이 일어나는 불가피한 사건들에 대해 대처하는 방안으로는 '살아 있는 것만으로 존재한다고 볼 수 없으니 생각하면서 사는 삶을 살라'는 메시지일 것이다.

즉 인간은 존재에 대한 생각을 하기 때문에 인간이라는 것.

가치의 기준을 세우고 인간의 도리 됨을 다하고 이 세상에 공존하기 위해 애써야 하는 방법으로 우리는 본능보다는 이성으로 생각하며 살아야 한다는 말이 된다. 우리 자신은 어떤 생각으로 삶을 그려 나가고 어떤 기준으로 아름다움의 가치를 매길 것인가를 명확히 해야한다.

열흘 붉은 꽃은 없다 했다. 꽃이 지면 봄날은 가기 마련이다. 우리에게 영원한 것은 없고 영원한 젊음도 없고 영원한 순간도 없다. 타고나기를 아름다운 미모를 가졌다 하더라도 그 사람의 살아온 흔적에 따라 변하게 되어 있다.

이 사람이 어떤 삶을 살았고 어떠한 마음으로 살아가고 있고 어떤 삶이 살게 될지 짐작하게 한다. 다양한 형태의 경험과 자신이 영위하는 삶은 우리의 얼굴에 기록된다고 보면 되는데 이것이 관상이다.

어느 나라의 황제는 관상으로 사람으로 곁에 두었다고 한다.

오래전 재미있게 본 영화 《관상》에서도 이 소재를 다루고 있다.

영화에서 사람의 얼굴에는 세상 삼라만상이 모두 다 들어있다고 말한다.

이 영화의 내용은 이러하다. 얼굴을 보면 그 사람의 모든 것을 꿰뚫어 보는 관상가가 처남과 아들과 산속에 칩거하고 있었다. 주인공은 관상 보는 기생의 제안으로 한양으로 가게 되었고, 기생의 기방에서 사람들의 관상을 봐주는 일을 하게 되었는데 용한 관상쟁이로 소문이 나자 김종서로부터 사헌부를 도와 인재 등용하는 과정에서 관상을 보게 된다. 그 소문이 임금의 귀에까지 들어가 불려가게 되는데 병 때문에 단명하게 되는 문종은 자신이 죽으면 아들의 자리가 위태로워지는 것을 걱정하고 있었다. 그래서 자리를 탐하는 동생 수양대군의 관상을 보게 하여 역모상의 관상을 가졌으면 자신이 살아 있을 때 처단하려 한다. 하지만 수양대군은 이를 알고 관상가가 왔을 때 다른 사람을 내세워 관상을 보이게 하고 왕의 경계심을 풀게 한다. 이 영화의 주인공이었던 얼굴을 통해 앞날을 내다보는 관상가의 운명 또한 그리 순탄하지 않았던 영화이다.

관상으로 그 사람이 가진 포부, 욕망, 과거를 보는 능력은 특별하다. 하지만 이 영화에서 말하고자 하는 것은 결국은 삶이란, 어떻게 살았는가가 얼굴에 드러난다는 것인데 자신의 얼굴에 책임지는 삶을 살기 위해서는 어떻게 살아야 하는지 생각하고 행동해야 될 것이다. 살아온, 살아갈 미래에 대한 책임 같은 것 말이다.

내가 이 세상에 존재하는 한 모든 원인은 자신으로부터 시작되고 결과는 얼굴에 드러난다. 매일같이 화를 내고 짜증을 내는 사람 곁에 사람이 모이지 않듯이 이런 사람을 처음 대면했을 때에도 얼굴에 드러나 있다.

얼굴의 인상은 우리가 어떤 삶을 살았는가를 보여 준다는 것임을 기억해야 한다. 자신에게 화를 멈추고 내 얼굴을 뚫어져라 보고 자화상을 그리듯 편안한 미소 한 번 지어볼까?

자신의 심연을 들여다보는 고통을 느낄지라도 끊임없이 자신을 들여다본 화가들처럼 말이다.

자기 자신이 누구인지 알고 싶은 화가의 욕구는 자신을 바라보며 끊임없는 대화를 시도하였고 그것으로 남겨진 흔적이 자화상이라 해도 과언이 아니다. 이처럼 글과 그림만큼 자신을 쉽게 들여다볼 수 있는 것 또한 없는 듯하다.

3 · 1

하양 인생을 위한 인생

　수많은 색들 중에 색이 없이 명도만 존재하는 무채색 검정, 회색, 흰색 을 통해 자신의 메시지를 전달하고자 했던 화가가 있다. 이 그림의 주제를 비롯한 배경도 무채색으로 표현되어 있는데 차분하면서도 무거운 기운이 감돈다.

　색채학에서도 흰색은 심리나 신체에 미치는 효과가 없다고 보고 있듯 흰색은 사람의 감정에 영이나 울림이 없다.

　사람들에게 흰색을 생각하면 무엇이 떠오르는가 물어보면 순수, 겨울, 차가움, 청결이라고 대부분은 말한다. 많은 사람이 겨울을 상징하는 색은 흰색이라 말하듯 겨울이라는 계절이 오면 우리가 느끼는 색은 무채색에 가깝다. 빨강과 같이 강렬하지 않고 열정적인 에너지가 있지도 않다. 나뭇잎을 다 떨어트리고 홀로 하늘을 마주하고 서 있는 나무는 내리는 하얀 눈을 나뭇잎을 대신해 자신을 덮는다. 겨울의 상징은 차가움이지만 흰색과 또 별개로 사람들은 흰색 이미지에서 포용과도 같은 넓은 이미지를 떠올리기도 한다. 봄을 맞이하기 전 휴식을 취하는 시간으로 무언가를 정리할 필요가

제임스 애벗 맥닐 휘슬러, 〈회색과 검정 색의 조화, 제1번〉, 1872년 경, 유화

있는 사람들에게 꼭 필요한 색이다.

사람들에게 흰색 물감을 주면 그림 그리기 전 애벌칠 용도로 사용하거나 잘못 그렸을 때 덮기 위한 수정의 용도로 가장 많이 사용한다. 그리고 흰색 위의 흰색을 표현한다고 하면 북극의 하얀 곰, 눈 내리는 풍경 정도를 떠올리는데 이런 풍경이 아닌 곳에 이 흰색의 물감으로 자신의 예술 세계를 명확하게 표현한 화가가 있었다. 감정을 무덤덤하게 만들고 사색하게 하는 여백과도 같은 이 색의 힘에 대해 알고 있었던 제임스 애벗 맥닐 휘슬러1834~1903라는 화가이다.

그는 미술사에 나타나는 몇 안 되는 미국 태생으로 프랑스로 유학을 떠난 뒤 평생을 고국으로 돌아오지 않고 타국에서 여생을 보냈다. 휘슬러는 상업적인 뛰어난 수완을 가지고 있었는데 무채색의 그림 이미지와는 달리 장식적인 옷을 무척 좋아했던 것으로 미루어 보면 자존심이 강하고 개성이 강한 사람이었다. 그런 그의 그림에서는 색상의 다양함보다 무채색의 명도만이 가득했다는 것은 어떤 의도가 있었던 것이 아니었을까 하는 생각이 들었다.

그는 그림에 흰색 덩어리로 표현하고 음악의 추상성과 결합시킨 제목을 붙이기 시작하면서 사람들에게 알려지기 시작했다. 예술을 위한 예술로 회화의 주제 묘사로부터 해방되어 그림을 그리고자 했고, 흰색을 통해 자신의 이상을 실현시키고자 했다. 그는 당시 소설 속에 나오는 소품들이 유행을 불러일으킬 만큼 대중의 인기를 누렸던 소설 윌키 콜린스의 《흰옷을 입은 여인》이라는 소설 덕을 입어 유명해지게 된다. 휘슬러는 이 당시 하얀옷을 입고 서 있는 모델 조안나 히퍼넌 휘슬러의 정부이자 모델 19세을 그려서 낙선 전시회에 그림 제목을 〈하얀 여자〉라고 붙여서 출품하였다. 흰색의 이미지에 연상되는 순수, 청결, 순결과 같은 상징과 그의 정부라는 점에서 순결과 거리가 먼 모델이었다는 점도 이슈화되기 충분했다.

그림 제목을 소설 윌키 콜린스의 책 제목 《흰옷을 입은 여인》과 비슷하게 그의 그림을 〈하얀 여자〉로 제목을 지은 마케팅전략으로 사람들의 관심을 끌게 되었고, 그림도 소설도 그로 인해 더욱 유명해지게 되었다. 이것으로 인해 휘슬러의 친구와 비평가들로부터 끊임없이 그림 제목을 〈하얀 여자〉가 아닌 〈흰옷을 입은 여인〉으로 불리어졌다. 한 비평가가 소설 속 '흰옷 입은 여인'과 그의 그림속 '하얀 여자'의 이미지가 다르다는 이야기를 하자 이에 맞서 휘슬러는 자신은 그 소설을 읽은 적이 없다며 "나는 흰옷을 입은 여인을 그린 것이 아니다 주제의 묘사가 아닌 '하얀 여자' 그림 제목에서처럼 하얀 덩어리로 봐야 한다"며 비평가에게 항의문을 보내기도 한다. 그림 속의 주제에 대한 묘사로부터 해방되어 어떤 의미보다는 덩어리에 흰색을 얹음으로 하얀 덩어리라고 말하고 있었다.

제임스 애벗 맥닐 휘슬러,
〈하얀 여자 : 흰색 심포니 1번〉, 1862년 경, 유화

  본인은 아니라고 부정하지만 끊임없이 주위 많은 사람이 콜린스의 소설을 암시한 것이라 오해를 했고, 이후에 이로 인해 휘슬러는 〈하얀 여자〉의 그림 제목을 〈흰색 심포니〉라 변경하게 된다.
  그의 작품 〈흰색 심포니〉라는 제목에서도 보면 흰색이라는 수단을 이용하여 성공하고자 하였다는 것을 미루어 짐작해 볼 수 있다.

그림 제목 〈하얀 여자 : 흰색 심포니 1번〉과 같이 휘슬러는 소리에서 느껴지는 것과 그림에서 시각으로 느껴지는 것을 이용하여 제목으로 붙임으로 흰색에서 느껴지는 힘을 극대화시키고자 의도하였다.

자신의 그림 철학과 추상적으로 표현하는 음악과의 공통점이 많다고 생각하여 〈하얀 여자〉, 〈작은 하얀 여자〉의 제목을 소급해서 〈흰색 심포니 1번〉, 〈흰색 심포니 2번〉이라고 바꾸었고 이렇듯 자신의 하얀 작품에 교향곡과 같은 제목을 붙이게 된다.

색과 음악의 이미지
회화가 보이는 시라면 음악은 들리는 것의 시이다.
소리 또는 색의 조화 없이 그 어떤 작품의 주제도 없다.

- 제임스 애벗 맥닐 휘슬러

교향곡의 음악 소리와 진동 에너지는 두뇌를 자극한다.

이 그림을 통해 음색이 가지는 영양분과 색이 가진 성질을 이용해 그 파장은 우리가 몸으로 느끼고 미치는 영향에 대해 알아볼 수 있다.

청화백자 벽난로 앞에 있는 꽃들이 상징하는 것들은 활짝 핀 아름다움의 대상이지만 젊은 아름다움도 역시 시들 운명이고 벽난로 역시 인생은 타고 소멸한다는 인생의 유한함을 상징하고 있는 이 그림은 엄밀히 말해 흰색 심포니가 아닌 그림이다. 푸른 부채를 가지고 있고, 흰옷을 입었지만 붉은 머리칼을 가지고 있었기 때문이다. 색의 진동을 음의 주파수로 바꾸면? 높은음일 때 밝은색, 낮은음일 때는 어두운 색 음의 세기가 강할 때는 색감은 어둠에 가깝다. 그리고 오케스트라 합주를 위해 작곡한 소나타를 심포니라 하는데 휘슬러의 〈흰색 심포니〉는 일종의 미니멀리즘에 대한 의지로 사람들이 연주하는 심포니에서 느껴지는 느낌과 사뭇 다름에도 불구하고 미술의 흰색의 만남을 통해 음악에서 가지고 있는 의미를 포함시키고자 했다.

휘슬러는 왜 이토록 하얀색에 대한 강한 애착을 보였을까?

그림과 음악에서 주는 흰색의 의미는 과연 무엇으로 해석하려 했던 것일까.

아마도 휘슬러는 흰색을 이용해 최소한의 색조로 작품을 이뤄내려는 야망을 암시하는 것이었다.

전통적인 채색법은 어두운 채색 기법과 명암 대비가 뚜렷하다. 이러한 점과 대조적으로 표현 방법을 고수했다면 야망으로 자신을 표현할 수 있는 가장 강력한 색을 찾았던 것일지도 모른다.

노랑, 빨강, 파랑, 초록에는 색이 가진 개성이 너무나 명확하지만 그런 색들 사이에서 진정 돋보이기 위해서는 자신이 가진 것을 대신해서 없음, 즉 흰색으로 자신을 드러낼 수 있었다.

어떤 젊은이가 튀고 싶지 않아서 회색 티셔츠에 회색 바지에 회색 양말에 회색 가방을 메고 있다면 세상 어딘가에 묻혀서 드러나

제임스 애벗 맥닐 휘슬러, 〈흰색 교향곡 2번, 하얀 옷을 입은 소녀〉, 1864년 경, 유화

지 않겠는가. 아니면 수많은 컬러 속에서 이질감으로 인해 더 드러나게 될까. 같은 원리이다.

흰색 옷을 입은 여성의 초상화에서 흰색이 야망을 이루고자 하는 통로 역할을 하였고, 흰색 배경에 흰색 옷의 인물을 배치하면서 자신의 이상을 실현하려 했다. 화가 휘슬러는 안타깝게도 흰색 물감에 사용된 납 성분으로 납중독에 의해 사망하게 되지만 울림 없이 강인했던 흰색의 위력으로 그의 그림은 세상에 널리 알려지게 된다.

하얀 캔버스를 꺼내 보고 있으면 괜히 설렌다.

하얀 종이 위에 행여나 더러워질까 봐 조심스럽기도 하고 설레는 마음으로 무엇을 그릴까, 써볼까 고민을 해본다. 하얀 캔버스를 물끄러미 바라보고 있으니 왠지 마음이 편안해진다.

누구나 한 번쯤은 그려진 무언가 위에 하얗게 덧칠하기도 하고 새로운 종이를 준비하기도, 쓰던 공책이 새것이 되길 바라는 마음에서 찢어보기도 하며 모든 시작 앞에서 망설였던 경험이 있을 것이다.

이렇듯 흰색의 의미는 새로운 시작과도 같다. 설레는 마음으로 미래에 대한 꿈을 품고 하얀 도화지 위에 색을 떨어뜨려 본다. 우리는 이러한 흰색이 가지는 설렘으로 시작하지만 휘슬러에게 흰색은 완성이었다.

세상의 수많은 색들을 가진 존재 안에서 무채색으로 강인함을 보여주려 했던 휘슬러는 원하는 목표를 달성하고 떠났다. 나도 그를 따라 오늘 깨끗하게 다려진 하얀 블라우스를 입고 완성된 모습으로 길을 나서 본다.

3·2

꿈

어릴 적 꿈속에는 늘 같은 장소가 나온다.

어느 아담한 집이 있고 골목에 우두커니 서 있는데 갑작스레 홍수 난 것처럼 물이 쏟아져 내려온다.

나는 그 아담한 집 앞 담벼락에 올라서서 휩쓸리지 않기 위해 안간힘을 쓰며 매달려 있다가 잠에서 깨곤 했다.

모든 것을 다 휩쓸고 간 자리에는 하얀 도화지처럼 깨끗하다.

내 무의식 속 이 꿈은 내게 무엇을 이야기하고 싶었던 것일까?

삶을 정의하기에는 삶이 무엇인지조차 몰랐고 나는 방향 없이 시간에 휩쓸려 가고 있었다. 매일같이 '즐겁다' '그렇지 않다'를 반복하며 무엇을 위해 이러고 있는가를 하루에 수십 번을 물었다. 나는 매일 싫고 좋음을 따져가며 순간의 감정에 에너지를 소모하며 살아내고 있었고 나는 지쳐가고 있었다.

어느 날 책을 읽다 나의 마음을 번득이게 깨우는 글이 있었다.

당라나 때 한 수행자가 절의 큰 스님을 찾아가
"이렇게 무더운 날에는 어떻게 해야 합니까"라고 물었다.
동산선사가 말하기를
"추위와 더위가 없는 곳으로 가면 되지 않는가!"라고 말씀하셨
다. 그러자 제자가 다시
"어느 곳이 추위와 더위가 없는 곳입니까?"라고 묻는다.
동산선사의 대답은
"추울 때는 그대 자신이 추위가 되고 더울 때는 그대 자신이 더
위가 되라"라고 하신다.

– 《일기 일회》中

　동산선사의 말은 이 세상 밖 어딘가에 천국이 있다고 우리는 흔히 믿고 있지만, 바로 이 현실 세계에서 천국을 이룰 수 있는 것이지 현실을 떠나서는 어떤 것도 존재하지 않는다는 가르침이다.

　그 분별을 없애기 위해서 제자에게 추위를 피하려 하지 말고 너 자신이 추위가 되고, 자신이 더위가 되라는 것은 불행과 행복을 피하려 하지 말고 삶 그 자체가 되어 살아가라는 말씀을 하신 것이다. 내가 목표를 향해 좌절을 느낄 때조차도 이것은 좌절이 아니고 시련도 아니며 그 순간 바로 선 내가 되면 된다는 말로 이해해 본다.

　날마다 기뻐할 일이 생기기만 바라지 않고, 기쁨과 환희 가득한 오늘로 살아내지 못하더라도 우리는 결코 슬퍼할 필요가 없음을 깨닫고, 싫고 좋음을 구분하지 않고 모든 감정을 내 삶으로 받아들이고 나니 그제서야 마음이 참 편안해진다.

요즘 서점에 가면 자기계발서가 홍수처럼 넘쳐나고 있다. 자기 계발이 필요한 사람에게는 필요한 책이기도 하다. 어떤 이들은 넘쳐나는 자기계발서는 싫다며 보지 않는다 하지만 나는 생각이 조금 다르다. 단지 그 책들을 통해 무엇인가 얻기 위해서는 그 다음 행동이 반드시 필요하다고 말해주고 싶다. 보통 자기계발서에서는 물질적으로 성취를 했다는 결과론적인 이야기들이 너무나 많다. 어떻게 하면 부자가 되고, 어떻게 투자를 하면 돈을 불릴 수 있는지에 대한 말들로 무작정 따라 해보지만 결국은 오래가지 못하고 '저 사람이니까 가능해'라며 쉽게 포기하게 만드는 책들이 허다하다. 그렇게 때문에 자기계발서에 대한 안 좋은 이미지를 가지고 있는 사람이 많을 수밖에 없다.

나는 그 책을 통해 물음표를 던졌고 인문학책에 관심을 가질 수 있게 되었다. 공통적으로 하는 말들에 뿌리가 있다는 사실을 알게 되면서 답을 찾기 위해 아직도 갈길이 구만리이지만 적어도 내가 답을 찾으러 떠나기 전과 지금의 나는 분명 다르다는 점이 변화된 사실이다.

변화가 필요한 사람에게 자기계발서든 인문학 고전이든 책을 통해 자존감을 회복시키고 자신감을 되찾을 수 있다면 그 무엇이든 좋다고 본다. 깊이 있는 얇은 깊이 있는 사고를 통해 진지한 방향으로 우리를 안내해줄 것이다.

컬러 인생

나의 긴 여정에 우연히 만난 책이 명화 관련 서적이었다. 화가들의 삶도, 작품에 나타난 색도 너무나 강렬했다. 명화 속에 담긴 화가의 삶을 통해 타인의 삶을 이해하는 시간, 위안과 통찰의 시간이 되었고 이를 통해 내가 깨달았던 것들을 사람들에게 알려 주고 싶었다.

모든 삶이 훌륭하게 보일 필요는 없다. 누군가는 어려운 상황에서도 낙관적으로 받아들이며 헤쳐나가는 이가 있는 반면 또 어떤 이는 고통으로 매일 포기하고 절망하며 살아가기도 한다. 나는 이 어디쯤에 서서 비루한 자신을 탓하며 숨으려고만 했던 때가 있었다. 튀고 싶지 않아 어두운 무채 색 옷만 입고 다니기도 했고, 마음이 우울해서 세상 모든 일에도 슬퍼질 때에는 검정 색만 눈에 들어오던 때가 있었다.

우리는 매일 아침이면 반복되는 일상의 시작으로 같은 길을 나서기 때문에 그 풍경들이 눈에 익어 있다. 그리고는 익숙해진 풍경에 대해 들여다보지 못하게 되고 색이 익숙해지면서 퇴색되어 보인다. 매일 걸친 옷처럼 의식하지 못하게 되기도 한다.

그래서 우리는 힐링을 원할 때 지금 있는 곳을 벗어나 새로운 곳으로 여행을 떠난다. 낯선 곳의 여행은 우리가 평소 느끼지 못하던 색과 익숙하지 않은 풍경들과 색들을 통해 자극받게 된다. 이것이 컬러 여행이라 말할 수 있다.

초록으로 물들어 가는 풍경을 처음 보았을 때의 기분을 아직도 기억하고 있다.

넓은 바다에 비치는 빛의 높이에 따라 달라지는 바다색을 기억하고 있다.

이렇듯 색은 이론이 아니라 실재이다.

영양제 한 알에도 색이 있듯 영양을 챙기기 위해 먹는 비타민처럼 여행을 통해서 얻을 수 있는 컬러 영양을 맛보는, 이만한 힐링 또한 없다.

색에는 진동 파장을 가지고 빛에 의해 보이는 색들은 햇빛의 일부인 가시광선으로 이루어져 있다. 인간의 눈은 흰빛, 노란빛, 연둣빛 속에서 가장 잘 보이고 파란빛 속에서 가장 잘 보이지 않는다. 빛의 밝기에 따라 우리가 인지하는 세상도 눈의 초점도 달라지게 되듯 밝은 세상에서 가장 잘 보이는 곳에서 세상을 바라보며 살았으면 좋겠다.

화가들은 안에 있는 자신의 이야기를 형과 색으로 메시지를 전달하는데 우리는 그림 속 색의 진동으로 위로를 받는 것이다. 꼭 아프고 불행해야 위로를 받을 수 있다는 말이 아니다.

　요즘 지인들을 오랜만에 만나면 "요즘은 삶이 무슨 색이야?" 라고 묻곤 한다. 나의 색 인사법에 관심을 가지는 지인이나 학생들에게 이런 방법을 통해 대화를 이끌어 나가는데 처음에는 엉뚱하게 생각하다가도 이내 생각해 보고 요즘은 "파랑이야"라든지 "밝은 노랑이야"라고 대답해 준다. 자신의 마음을 들여다보는 방법에는 정답이 없다. 자신을 들여다본다는 것은 말만큼 쉬운 일이 아니란 것이다. 추상적으로 보이지만 색이 가지는 성질을 알게 되면 근거를 두고 하는 이야기라는 것을 알 수 있다.

　'어떻게 나를 들여다보란 말이야' 하면서도 자신이 말한 색의 의미를 스스로가 생각해 보기도 하고 요즘 생활을 한마디로 설명한다는 것 자체가 무리일 때가 있을 때 모호하지만 긴 설명을 대신해 색으로 말할 수도 있을 것이다. 자신의 감정의 반대의 색으로 균형을 찾아보아라. 어둠에서 나와 밝은 빛을 받아들이고 차가움에서 따뜻함으로 이동하길 원한다.

　몸이 필요한 영양소를 가진 음식을 필요로 하듯 색들을 이용해 우리의 감정이 필요로 하는 색을 가져보는 건 어떤가. 내 몸과 마음이 필요로 하는 색을 주위에 소품으로 둔다던지 필기도구를 바라만 봐줘도 삶의 큰 활력소가 될 테니 해보길 권하고 싶다.

단순하게 보기

차가운 추상으로 알려진 몬드리안의 작품은 보고 있으면 복잡한 생각들이 정리가 되는 듯하다.

가로질러진 칸 속에 각기 다른 색들로 채워져 있고 그 색들의 방은 우리의 어떤 마음이든 집어넣을 수 있을 것 같다. 처음부터 사각형은 아니었다. 수직과 수평선이 그어져 이들이 맞물리면서 사각형의 크기가 결정되었다.

몬드리안은 자연의 어느 곳에서나 존재하고 있는 보편적인 조형 요소를 이용하여 검은 색의 수직 수평선으로 면을 만들어 내고 3원색과 무채색을 이용하여 그림을 그려 낸다.

추상이라는 용어의 어휘적 해석을 보면 자연으로부터 무언가를 끌어낸다는 의미를 가지고 있다. 미술에서 자연을 재현하지 않는 미술 양식인 추상화는 자연의 형태에서 단순화 과정을 통해 추상화를 나타내는 신조형주의와 처음부터 완전한 추상화, 둘로 나눌 수 있다. 몬드리안은 단순한 기호 + - × 와 같은 인상을 주지만 바다의 수평선에서 이러한 조형 요소의 선이 드러난다. 지평선으로

피에트 몬드리안, 〈빨강, 노랑, 파랑, 검정이 있는 구성〉, 1921, 유화

부터-수평선이 출발하였고, 남성적인 원리가 수직선이기 때문에 남성은 이러한 요소를 숲의 상승하는 나무들에게 인식할 수 있었다.

수평선을 특징적인 요소로 갖고 있는 여성은 그 자신을 바다의 수평선을 가로로 누운 선들과 같이 인식하고 나무의 수직선에서는 남성을 상징적으로 인식한다. 몬드리안 그림을 비롯한 즉 예술에서 그것은 합일된 모습으로 보고 있다. 여성과 남성, 물질과 정신,

음과 양, 빛과 암흑, 하늘과 땅과 같은 대립을 통한 합일, 균형을 행복으로 보았고 불균형을 불행으로 볼 수 있다.

몬드리안 그림은 사물에서 보이는 긴장을 수직과 수평의 두 요소로 요약하여 그것의 대립을 통해 균형을 이룬 조화로움을 표현하고자 하였다. 서로 직각을 이루어야 한다는 근본 개념을 제외하고는 수나 비례의 계산이 없이 그림이 그려진다. 시행착오를 거듭하여 평형 균형을 이루는 선의 위치가 결정되는데 몬드리안은 수평, 수직의 만남으로 생기는 면들을 분리하여 색면을 결정한다.

흰색은 배경으로 인식하고 형태의 구분을 모호하게 만드는 요소를 검정 색으로 수직과 수평을 이용해 분할한다. 파랑은 그림에서 보여지는 후퇴 또는 창공, 수평선을 상징하고 노랑은 빛의 움직임을 나타낸다. 빨강은 노랑과 파랑의 조화를 이루어 앞, 위의 위치를 나타내고 있는데 이 색들이 색의 삼원색이다. 몬드리안의 그림 안에 색을 보면 우리 민족의 오방색과 동일하다. 그래서 동양의 음양오행 사상과 같은 맥락에서 해석할 수도 있는 부분이기도 하다.

4 · 2

피에트 몬드리안

1872~1944

네덜란드 출신의 화가로 몬드리안은 칸딘스키와 추상회화의 선구자로 불린다.

몬드리안의 그림을 보고 있으면 편안하다. 복잡하지 않고 정리정돈되어 있어 혼란스럽지 않다. 좋아하는 혹은 끌리는 색들에 눈이 가기도 하고 여기에 쓰인 색의 삼원색은 어느 무엇하나도 덜해 보이거나 추해 보이지 않는 각자가 가진 개성을 드러내며 방 한 칸을 지키고 있는 듯 보인다.

몬드리안의 그림에는 녹색이 없다. 사람들은 대체로 자연을 좋아하기 때문에 녹색에 대한 큰 비호하는 경향이 덜하다고 생각했다. 하지만 그의 그림에 녹색이 없는 이유는 무엇일까 궁금해졌다. 예상한 대로 자연과 연관이 있었고 그가 혐오하고 탈피하고자 하였던 것은 변덕스럽고 무질서한 자연의 외형이었는데 녹색은 자연을 환기시키는 색채로 몬드리안이 무척이나 싫어한 색이 된 것이다.

몬드리안의 일화에 의하면 파리의 작업실에서 누군가로부터 받은 튤립의 초록색 잎을 흰색으로 칠하는 파격적인 행동을 했다고 한다. 그리고 칸딘스키의 집에 초대받아 갔을 때에도 나무가 보기 싫어 창가로부터 등을 돌려 앉았다는 이야기에서 무질서함을 싫어했다는 사실을 증명하듯 이야기에서 여실히 드러난다.

수평 수직의 불변성에서 편안함을 느끼는 이유는 우리가 만들어 낸 인공적인 공간이기 때문이다. 네 개의 모서리를 가지고 있어 굴러가지 않는다. 주사위처럼 확실한 답을 얻기 위해서는 면을 가져야 하고 굴러가지 않기 위해서는 각이 져야 한다.

우리네 살고 있는 집터가 반듯하듯 말이다.

둘러보아라. 내가 앉아 있는 그곳, 네모난 모서리가 있는 건물의 어느 부분에 앉아 있는 우리의 모습을 말이다. 평평한 곳에 커피잔을 올려두고 책을 펴서 반듯한 곳 위에 폭신한 쇼파에 앉아 있지 않은가.

몬드리안은 자연 질서의 근본적인 성격들을 수학만큼이나 정확한 직관적 수단인 검정 색 선을 이용하여 새로운 공간을 창출하였다. 검정의 선은 네모만큼이나 편안함을 준다. 적어도 무언가를 그릴 때 그어야 할 때 나누어야 할 때 반드시 필요한 존재와도 같다. 그것이 네모와 검정의 매력이다.

잭슨 폴록

1912~1956

즉흥적인 그림을 그리는 액션 페인팅은 반세기에 걸쳐 시각 예술 전반의 발전에 큰 영향을 주었다고 해도 과언이 아니다.

액션 페인팅이란 즉흥적 그림, 캔버스 위에 춤을 추듯 물감을 들어붓기도 하고 흘리기도 뿌리기도 하면서 속도와 리듬에 물감 양의 조절을 통해 작품이 탄생되어지는 것이다.

잭슨 폴록, 〈검정 색, 흰색, 노란색, 붉은색 위의 은빛〉, 1948, 유화

자신이 만든 룰 안에서 살아온 흔적을 되돌아본다면 이러한 모습이 아닐까. 액션 페인팅의 그림에 나타난 우연한 흔적은 우리네 인생과 닮은 구석이 있다.

폴록의 작품은 액션 페인팅 과정을 통해 우연성과 내면의 메시지가 초대형 화면에 탄생되었는데, 그가 이러한 작업을 통해 얻으려 했던 것은 무엇일까.

어린 폴록은 다복한 가정에서 자라나지 못했다. 가출한 아버지의 부재로 인해 젊은 날의 방황과 고뇌는 분명 채우지 못하고 지나쳐버린 유년기 시절의 시간 탓일 것이다. 다섯 명의 아들을 책임져야 했던 어머니는 가난한 살림에 당신의 삶도 고단했을 터, 의사소통은 물론 규율과 통제 없이 무절제함과 무질서 속에서 자라도록 방임했다. 그런 환경에서 자란 폴록은 그대로 무절제함과 무질서하게 살아낸다. 형들을 따라 무작정 뉴욕으로 떠나 세계경제공황 속에서 극심한 가난으로부터 자신을 지켜줄 그 어떤 것에서도 기대할 수 없었다.

현실과 이상을 부정하고 싶었던 탓에 알코올에 빠지게 되었고 평소 의사소통 능력이 부족했던 그는 술만 마시면 파괴적 음주벽과 병원과 경찰서를 집 드나들 듯 다니며 그렇게 살아갔다. 극심한 우울증과 좌절감, 자격지심으로 똘똘 뭉쳐진 콤플렉스는 그를 알코올 중독자가 되게 했고 급기야 알코올 치료를 위해 정신병원에 입원하기까지에 이른다.

이후 4년 연상인 여류 화가 리 크레이스너를 만나면서 폴록의 인생의 전환점을 가지게 된다.

그녀는 폴록의 재능을 알아보고 자신의 작업을 중단하면서까지 폴록을 위해 헌신하는데 폴록은 일생 처음으로 평화롭고 안정된 마음으로 작업에 열중할 수 있었던 시기이다.

하지만 그의 무절제와 무질서한 정신세계는 자신의 친구이자 알코올 치료 주치의가 사고로 사망하면서 술을 마시기 시작하고 다시 찾아온 무절제한 생활로, 알코올 중독 증세는 더 이상 그를 온전하게 되돌려 놓지 못했다.

44세에 음주 사고로 그 자리에서 사망하게 되면서 그의 인생을 비참하게 마무리하게 된다. 하지만 예술이란 역사 속 기록보다 미술작품을 접할 때 개인의 경험을 통해 각자에게 닿는 의미는 주관적으로 해석되게 된다. 사람들마다 다른 의미로 읽히기도 하고 누군가에게는 그 작품이 위로와 치유가 되기도 한다. 작가가 주는 그림의 메시지를 누가 어떻게 읽느냐에 따라 다르다. 그림에서 드러나는 얽히고 설킨 우연한 선들은 결국 폴록 자신의 이야기였다.

폴록은 엉킨 실타래를 풀어보려 했지만 풀어헤쳐 보았자 '실'의 본질적인 것은 변하지 않는다는 것을 그는 알아야 했다. 정말 그는 변하지 않았다. 그가 가진 것과 가지지 못한 것을 그대로 작품에 쏟아 부었다.

어쩌면 몬드리안처럼, 강박증 환자처럼 나누고 정리하면서 안정된 틀 안에서 마음의 평정을 찾으려 했다면 그는 무절제한 삶이 조금은 정리가 되지 않았을까. 그랬다면 술에 자신을 맡긴 채 현실을 부정하고 환각 상태 속에서 삶을 마무리하지 않았을지도 모른다.

폴록처럼 고삐 풀린 망아지가 정말 원했던 것은 어린아이로 돌아가 엄마의 따뜻한 품이었을지도 모르겠다. 잠시나마 아내의 덕분에 마음의 평정을 찾았지만 결국은 자신을 지켜내지 못하고 떠난다. 그는 성숙되지 못한 채 계속 살아갔던 것이다.

둥글면서 흩어진 점과 선들이 아닌 정확히 나누어진 네모 공간 속 편안함이 필요했던 잭슨 폴록은 지금은 편안히 잠들었겠지…. 몬드리안은 그의 작품을 보고 "신선하고 가장 독창적인 화면"이라는 호평을 남겼지만 그의 그림 속 비밀은 신선함도 독창적이지도 않은 단지, 자신의 복잡하게 엉킨 이야기를 가지고 세상을 향한 외침이었는지도 모른다.

4 · 4

나는 원한다

구스타브 클림트

19세기 말 오스트리아 화가이다. 부친은 보헤미아의 농군 집안 출신으로 빈으로 이주하면서 금은세공업을 하면서 살았다. 형제 중 스물여덟에 요절한 화가 에른스트가 그의 동생이다. 뛰어난 재능으로 함께 예술가의 길을 걷게 된다. 막냇동생 또한 금속공예에 성공적인 기술자로 아버지의 장인적 기질을 이어받아 함께 예술가의 길을 걷는다.

클림트는 예술학교를 졸업하고 장식 벽화와 휘장을 위탁받으며 사업상 성공과 명성을 얻었다. 하지만 부친과 동생_{에른스트}의 갑작스런 사망으로 정신적인 충격으로 인해 사업을 그만두게 된다.

이 계기로 그만의 독창적인 구성과 확고한 주제로 작품 제작을 하게 된다. 그의 작품은 관능적인 여성 이미지와 황금빛 색채가 특징인 성과 사랑, 죽음에 대한 알레고리로 전성기를 누리게 된다.

에로티시즘의 상징주의적 경향을 보여주는 이집트 벽화, 그리스의 도기화, 비잔틴 모자이크에서 모티브를 얻어 창작된 장식적인

구스타브 클림트, 〈키스〉, 1907~1908, 유화

패턴과 금의 사용은 눈에 띄는 독창적인 양식으로 발전시켰다는 것이다. 그의 에로티시즘적인 그림은 강력한 항의와 비난도 있었지만, 열성적인 팬들로 인해 그는 더 유명해지게 된다.

그러한 특징은 전통과 현대의 조화, 구상과 추상, 입체와 평면이 한 화면에 조화를 이루어 나타난다.

그는 평생을 독신으로 살았다. 하지만 무수한 스캔들 속에 사생아를 무려 14명이나 만들어 버린 이 남자. 오스트리아 빈의 카사노바라는 별명을 가진 이 남자는 작품 모델들과 숱한 염문을 뿌리고 다녔다. 〈키스〉 작품은 20세기 황금 색채를 상징하는 클림트의 대표작이다. 클림트는 사랑한 에밀레 플뢰게를 안고 있는 작품으로 황금 색채의 의상이 어우러져 그가 그린 작품 중 가장 뛰어난 작품으로 인정받고 있다. 하지만 당시에 〈키스〉라는 성적인 테마로 비엔나시의 검열 대상이 되었지만 군중들의 열광적인 평가로 인해 유명인으로 만들어 버린 대표적인 작품이 되었다.

그가 그린 그림 속 입맞춤을 하고 있는 한 여인은 오로지 한 사람으로부터 뜨거운 사랑을 받고 있다. 오롯이 그녀를 품에 안고 온 정신과 육체를 그녀를 위한 것처럼 말이다. 그림 속에 나오는 그녀는 클림트가 너무나 사랑한 에밀리 플뢰게이다.

클림트의 친동생 에른스트는 결혼한 지 얼마 지나지 않아 사망하게 되자 제수씨의 생계를 도와주면서 제수씨의 여동생이었던 에밀리 플뢰게를 사랑하게 된다. 법적인 관계로 연결되어 있거나 육체적 관계의 사랑이 아니었다. 클림트의 정처 없이 떠도는 바람 같은 성정을 잘 알았기에 에밀리는 클림트와 친구로 지내며 정신적 교감을 나누게 된다. 그래서 육체적 탐닉, 에로스적 사랑보다는 정신적 쾌락을 추구했던 플라토닉 사랑에 대한 깊이를 클림트는 알게 되었던 것이다.

에밀레 플뢰게는 의상실을 경영하고 있었다.

클림트가 좋아하는 체스판을 모토로 화이트 앤 블랙의 스트라이프 패턴을 디자인해 그녀에게 옷감 패턴으로 제공하고, 옷감 패턴으로 디자인한 드레스를 입은 플뢰게의 초상화를 그리기도 한다.

사랑스러운 눈으로 바라보고 있었을 클림트의 사랑이 느껴지지 않는가!

클림트의 생애가 끝나는 날까지 동반자였던 사랑하는 에밀리 플뢰게를 두고 클림트는 뇌출혈로 쓰러져 55세로 생을 마감한다.

사랑에 대한 복잡미묘한 감정은 내가 해보지 못한 사랑에 대한 연민일 것이다. 내가 그들이 아니기 때문에 느끼는 감정이겠지만 각자의 부족한 부분을 채워주듯 서로를 더 뜨겁게 사랑했다. 우리는 완벽하지 못하기 때문에 부족한 부분을 채워 줄 누군가를 끊임없이 찾아다니는 것이 아니겠는가.

구스타브 클림트, 〈에밀레 프로메〉, 1902, 유화

3

나는 어떤 관계의 사람인가

이른 아침부터 마음이 텅 비어 있는 듯하다.

이유 모를 상실감으로 무언가로 채워 보려 분주히 움직여 보았다.

이른 아침 긴 복도에 눈부신 파랑 색 의자가 보인다.

문득,

저 파랑 색 의자에 앉아 보고 싶다.

나는 무엇을 망설이고 있는가.

'어서 가서 파랑 의자에 앉아 보려무나' 하고 나를 부추긴다.

어째서인가.

위로받고 싶은 것인지 휴식이 필요한 것인지

알 수 없다.

-작가 노트 中

1 · 1

파블로 피카소

20세기 현대 미술사의 대표적인 작가 파블로 피카소는 다채로운 색채 변화를 보여 주었던 20세기 거장이라 불린다. 색채와 표현에 있어 자유분방한 사고를 나타내던 피카소는 입체주의 큐비즘 시기뿐만 아니라 전 시기에 걸쳐 현대 미술에 많은 영향을 주었다. 일생에 걸쳐 다양한 양식의 변화를 보여 주었고 대표적인 조형법으로 큐비즘을 통해 새로운 조형 방법을 제시하여 기존 회화의 틀을 깬 작품들이 많다.

르네상스 이후로 그려진 원근법의 파괴와 현상을 재현하는 것에 그치는 것이 아니라 그 속에 내재된 것을 보고자 한다. 미술사적 배경 속에서 피카소는 큐비즘을 통해 현대 추상미술로 발전시켰는데 초기, 청색시대, 적색시대 또는 장미시대라고 불리는 시대를 거쳐 분석적 큐비즘, 종합적 큐비즘 양식의 흐름을 보여 주고 있다.

피카소는 1881년 스페인 태생이다. 그의 아버지는 공예학교 미술 선생님이었고 1895년 아버지의 직장으로 인해 바르셀로나로 이

주하게 되어 유년 시절을 이곳에서 보낸다. 어릴 적부터 미술에 대한 재능으로 주위 사람들을 놀라게 하던 아이였다. 피카소가 살던 바르셀로나는 북유럽적인 세기말 예술의 영향으로 사람들은 니체를 논하고, 가우디 건축에 열광하던 낭만에 젖은 시대를 살고 있었다. 그에게는 그 시절의 낭만을 함께한 '카사헤마스'라는 절친한 친구가 있었는데 1900년 피카소가 파리로 떠날 때 카사헤마스도 함께 떠난다. 파리를 정착하기 전까지 여행을 다니며 새로운 화풍을 받아들이고 제작에 열중하던 때 고국에 잠시 들렀던 친구 카사헤마스의 자살 소식을 듣게 된다.

카사헤마스의 갑작스런 죽음에 대한 영향으로 그가 살았던 몽마르트에서 굶주림과 절망, 고독에 대한 주제로 삶을 바라보게 되었고 절망적인 인간의 외로움에 대해 직시하고자 하면서 그의 화풍으로 드러내기 시작한다.

피카소의 이 시기1901~1904년의 그림 세계를 청색시대라고 부른다. 청색시대는 친구를 잃은 슬픔, 절망, 상실감에 고통받은 자아의 내면세계가 드러나고 죽음이라는 화두를 두고 짙은 어둠의 그림자처럼 청색으로 지치고 억눌린 인간의 내면이 표현된다.

"인생은 고통을 전제로 한 것이다." – 피카소

파블로 피카소, 〈늙은 기타수〉, 1903, 유화

1 · 2

파랑이
말해 주는 것

파랑 색은 감정을 통제하고 억누름에 순응을 한다. 피카소의 청색시대 그림에서 절망에 고통받은 내면의 자아를 보며 청색으로 감정을 표현하는 것은 자신을 치유하기 위함일 것이라는 것을 알게 된다. 극복해야 했고 자리에서 훌훌 털고 일어서야 했다. 상실감에서 오는 허탈감을 똑바로 응시하며 파랑에서 안정된 에너지를 얻고 있었다. 피카소의 그림에서 나타나는 색채는 우리의 아픈 상처에 귀 기울이게 하기 때문에 더욱더 우리의 마음이 색에 이끌리고 있는 것이다.

오랜만에 만난 지인이 피카소의 청색시대의 자화상 그림이 요즘 끌린다는 이야기를 한다. 그 말을 들었을 때 '요즘 마음이 힘든 시기인가보다.'라는 생각이 들었다. 하지만 의지가 강한 사람이라 언제나 그랬듯 자신을 지키며 힘든 시기가 지나갈 것'이라는 것도 알았다. 나도 힘들 때 자주 입었던 옷이나 소품들의 색을 떠올려 보면 파랑 색에 끌렸었던 기억이 난다.

파블로 피카소, 〈자화상〉, 1901, 유화

잘 극복할 수 있을 것이다. 파랑은 그런 색이니까.

인내는 곧 미덕이라 믿는 사회에서 감정을 숨길 수밖에 없어서 그로 인해 내면과 외면의 간극이 생기기 시작하고 우리의 마음은 병들어 간다. 무엇이 진짜의 나인지조차 헷갈리기 시작하고 나를 잃어 가고 있다는 생각에 괴롭다. 그럼에도 불구하고 우리는 주저 앉아 포기하는 것을 대신해서 일어서기 위해 애쓰고 있다. 피카소 가 그랬던 것처럼.

절망의 순간을 죽음, 어둠의 색, 검정이 아닌 파랑으로 우리는 에너지를 냉정하게 충전시킨다. 그리고 천천히 다시 일어설 준비를 한다. 장밋빛시대를 향해서 말이다.

우리의 고통에는 끝이 있다. 하지만 그 끝은 또 다른 시작에 불과하다. 사실은 끝나지 않는 돌고 도는 둥근 바퀴같이 끝과 시작도 없이 순환하고 있는 것이다. 드디어 피카소는 파리에 정착하면서 연인을 만나고 친구들이 생기면서 그의 화폭에 미묘한 분홍빛이 물들기 시작하는 장밋빛 시대가 온다. 이것이 적색시대의 예고이다. 그렇게 피카소의 청색시대가 지나가고 장밋빛시대가 도래하고 있었다. 그렇다면 과연 파랑의 시대란 어떤 시대이며 나는 왜 파랑 의자에 이끌렸던 것일까? 많은 사람은 왜 이 그림을 보고 위로를 받는 것일까?

청색시대를 머문 피카소의 내면은 슬픔과 절망으로 가득 찼지만 극복하고자 하는 의지가 색에서 여실히 드러난다. 아파 본 사람이 아픈 사람의 고통과 심정을 이해하듯 청색시대를 지나온 피카소의 그림을 들여다보면서 아픈 자신을 들여다보게 되었고, 타인의 아픔이 보이기 시작했기 때문에 죽음, 굶주림과 절망, 고독이라는 화두에 대한 주제로 삶을 바라볼 수 있게 되었던 것이다.

인생은 외로운 여행이다.

오랜 시간이 걸리는 세계 일주와 같은, 때로는 낯선 곳에서 일어날 일에 대한 두려움으로 무거워도 버리지 못하고 끌어안고 가는 여행 배낭을 닮았다. 어쩌면 짐의 크기가 우리의 두려움의 크기일지도 모른다.

미래는 불안하지만 막연히 기대하고 착각 속에서 환상을 만들어 떠나기도 한다. 하루를 덧없이 애쓰고 쓸데없이 좌절하고 스스로 고통스러워하거나 근거 없이 낙관하기도 하는 우리는 난관에 부딪히면 쉽게 무너진다. 하지만 분명한 건 우리에게 주어진 시간 동안 그럼에도 불구하고 스스로를 치유하기 위해 그 길을 떠나야만 한다는 것이다.

각자에게 주어진 여행 일정은 모양도 색깔도 다르기 때문에 옳은 길, 틀린 길이 없다.

우리의 삶 안에는 다채로운 일들이 일어나는 것이 당연하고 미묘한 차이의 수많은 색처럼 비슷한 듯 다른 모양들 속에서 우리의 삶은 만들어져 가고 있다. 이야기하는 와중에도 지나온 삶의 순간들이 색으로 스쳐 지나간다.

회화에서 색채는 장식 효과가 아닌 감정을 창조하는 표현 수단이다. 이것을 이용해서 각자의 여행에 다양한 색들로 삶을 색칠해 보는 것은 어떨까? 색의 지각을 통해 자신으로부터 구제하고 절망으로부터 끌어올려 줄 색에 도움받기를 바란다.

1 · 3

나의 슬픔의 반은
내가 만들어 낸 것이다

"엄마 나쁜 개미가 좋아요?", "나쁜 꿀벌이 좋아요?"
엄마는 고심한 끝에
"그래도 난 꿀벌이 좋아."
"전 착한 강아지가 좋아요."
'그래…… 보기에서 안 골라도 되는 것이구나.'

그러고 보면 우리의 인생에서 늘 두 가지 갈래에 서서 고민을 하
곤 한다.

누가 정해 놓은 이미 나 있는 그 길 위에서 머리를 굴려보지만 석
연치 않은 구석이 있다.

정말 방법은 두 갈래의 길밖에 존재하지 않는 것인가?

사소한 걱정들로 밤을 뒤척거리고 화나는 일들로 몇 날 며칠을
분노하고는 제풀에 지쳐 포기하고 마는 날들을 보내고 있었다.

온갖 잡다한 감정에 지배당한 채 나의 하루는 무엇을 하였는지조

차 기억나지 않았다.

비탈면에 거대한 나무의 잔해가 있다. 옛날 호랑이 담배 피우던 시절 때 심어진 세월만큼이나 풍채 좋은 모습을 한 이 나무는 긴 생애를 보내는 동안 수없이 많은 벼락을 맞았고 셀 수 없는 눈사태와 폭풍이 흔들고 지나갔다. 나무는 이 모든 것을 이겨냈지만 작은 딱정벌레들의 공격에 나무는 쓰러지고 말았다. 껍질을 먹어치웠고 작지만 끊임없이 공격해 오는 딱정벌레들로 인해 그 나무는 인간이 손가락으로 눌러 죽일 수 있는 딱정벌레에게 무릎을 꿇은 것이다.

내가 잘살고 있는지, 혹은 오늘 그 누가 했던 말에 의미가 있었던 것은 아니었는지 곱씹어 보다가 그 사소한 생각들로 인해 내가 진정으로 보아야 할 것을 온전히 보지 못하고 지금 순간을 놓치곤 한다. 내가 진정 바라보아야 할 것은 밖에 존재하는 것이 아닌데, 내 안을 들여다보아야 하는데….

누군가를 미워하는 일은 자신이 독약을 마시고 미워하는 그 사람이 빨리 죽기를 바라는 마음과 같다고 했다. 우리의 마음은 진공 상태에 가까워지려 할 때조차 그 공허한 마음 안에 걱정과 두려움, 시기, 질투의 마음으로 가득 채우곤 하는데 이것은 외부적인 것에 집중하고 있기 때문일 것이다. 나의 슬픔의 반은 내가 만들어 낸 것이다. 나의 분노의 반은 내가 만들어 낸 것이다. 내 공간 안에 내가 담고 싶은 것만 담을 수 있다면 얼마나 좋을까.

"이 또한 지나가리라."

지혜로운 솔로몬이 한 말이다. 이토록 우리의 삶에 대한 겸손을 가르쳐 주는 말이 다른 어떤 말로 대체할 수 있겠는가.

이 또한 지나간다.

그래…….

지나가게 되어 있다.

기쁨도 지나가고

슬픔도 지나가고

절망도 지나가고

환희도 지나가고

결국은 모든 것이 지나가고

다시 오고 또 지나가게 되어 있다.

나는 하고 싶은 거 하며 산다

김명국

조선 중기는 임진왜란, 병자호란과 같이 계속되는 전쟁으로 정치적, 사회적으로 매우 불안한 시기로 인조 연간에는 화단이 경직되어 있고 보수화의 경향이 짙은 시대였다.

그 시대에 자유분방하고 개성 넘치는 화가가 있었다. 매우 거칠고 호방한 필치를 자랑하던 그의 이름은 김명국.

어느 날 그에게 인조가 공주의 머리빗에 그림을 그리라는 명을 내린다. 김명국은 열흘이 지난 후에야 빗을 들고 왔는데 아무런 그림이 그려져 있지 않았다. 화가 난 인조가 벌을 내리려고 하자 김명국 자신은 분명히 그림을 그렸으니 내일 아침이면 알 수 있을 거라고 자신 있게 말한다. 그 다음 날 공주가 머리를 빗다가 빗 가장자리에 이가 두 마리 있는 것을 발견하고 눌러 죽이려 하였는데 자세히 보니 그것은 그림이었다는 일화가 있다.

광태사학파, 절파를 폄하하는 말로 미치광이 같은 짓을 하는 나쁜 무리라는 뜻을 가지고도 있는데 필묵의 사용이 지나치게 자유분방하여 김명국을 절파화풍 또는 광태사학파라고 불렀다.

그는 술을 무척이나 좋아해서 만취가 되어야만 그림을 그렸는데 그의 집에 가서 그림을 요구하는 자가 있으면 반드시 큰 술독을 지고 가야 했고, 사람들은 그에게 그림을 부탁하려면 만취할 때까지 술을 사주어야 했다는 일화도 있다. 그의 호는 연담 김명국, 사람들은 그를 주광酒狂이라 부르기도 했다.

김명국, 〈나귀를 탄 사람〉, 17C, 지본수묵

인조는 보수적이고 권위적인 경향이 짙은 사람이었다. 그 시대에 절대적인 권위에 도전하는 자는 곧 죽음이었던 것에 비교하면 적어도 우리가 살고 있는 이곳이 예술 영역만큼은 자유로울 수 있어 '그 시대에 안 태어난 것만으로도 감사하다'라는 생각을 했다.

자신의 취향보다는 왕의 명령대로 그려야만 목숨을 부지할 수 있었던 그 시대에 예술이란 어떤 것이었을까. 김명국 자신의 한계를 위로받을 수 있는 유일한 탈출구는 술이었을 것이다. 그의 창작의 촉매제였던 술이 그를 예술 세계로 데리고 갔다. 다만 아쉬운 점이 있다면 취중 그림을 많이 그리다 보니 작품 관리가 철저하지 못해 그의 그림이 보존되지 못하고 사라진 것이 많다는 점이다.

끼도, 흥도 많던 사람이 제정신으로는 살기 힘든 시대였다. 몽롱한 환각 상태로 자신이 영원히 깨지 않길 바라며 그림 속에서 놀고 싶었는지도 모른다. 자신은 술에 흠뻑 취해 뮤즈, 일명 그분이 오시면 그림을 그렸다. 모든 것이 괜찮은 그 순간, 내가 아닌 그 순간을 기다렸다가 그림으로 하루를 보상받는다. 꽁꽁 숨겨져 있는 그의 모습이 진짜일지 모른다.

김명국의 대표적인 작품으로 〈달마도〉를 보면 모두들 고개를 끄덕일 만큼 유명한 그림이다.

선종화의 진수를 보여 주고 있는 달마도는 불교의 한 종파인 선종의 이념이나 관련 인물들을 그린 그림이다.

통신사를 따라 일본에 갔을 때 김명국은 일본인들의 취향에 맞는 그림을 그려 주었는데 감필에 의한 선화의 표현 기법으로 그린 달

김명국, 〈달마도〉, 17C 중반, 종이에 수묵

마도는 굉장한 호응을 받았고 단연 최고의 인기를 누리게 되었다. 사행일기 《동명해사록》의 기록에 보면 "글씨와 그림을 청하는 왜 인이 밤낮으로 모여들어 박지영, 조정현, 김명국이 괴로움을 견디 지 못하여 김명국은 울려고까지 했다."라고 기록되어 있다. 예술 가로서 행복에 겨운 일이 아닐 수 없다.

매스컴에서 한때 그림에서 기가 나온다고 광고를 한 덕에 더 유 명해진 〈달마도〉를 보고 있자니 나에게도 그분이 오실 것 같은 기 분이 든다.

2 · 2

결국, 이 모든 것이 나일까?

《다, 그림이다》中에 프랑스 줄어기 때 어부는 처음 잡은 고기를 놓아줄 때 술을 먹여 보낸다는 이야기가 나온다. 그래야 더 많은 고기를 잡을 수 있다고 믿었는데 술 냄새를 맡은 다른 고기들이 저도 한잔 얻어먹으려고 몰려들기 때문에 술을 먹여 보낸다는 것이다. 사람을 취하게 하고 정신을 반쯤 놓고 보면 보고 싶은 대로 보이게 하는 이 효과가 물고기에게도 효과가 있었을까.

물고기도 술이 깨고 나면 '내가 왜 그랬지?'라고 할까?

대학교 시절 글라스에 소주를 가득 부어 물처럼 마시던 선배가 있었다.

아침이면 작품이 만들어져 있었는데 가끔 "이거 누가 했노?"라며 우스갯소린지, 알면서 했던 말인지 밤이 지나고 나면 작품이 탄생되어 있던 예술관 로비가 생각이 난다.

만취가 된 나는 나인가?

슬플 때 술을 마시면 더 슬프다.

기쁠 때 술을 마시면 베어 있던 슬픔이 스며 나온다.

나에게 술이란 그랬다.

이성을 잠시 잠재우고 감성과 내면의 무의식이 스멀스멀 기어 나와서 나를 지배하는 날에 그림을 그리거나 글을 쓰면 감성이 짙어지는 날은 나도 모르는 세계로 이동하기도 한다.

현실의 나와 밖의 나는 다르다. 적어도 내가 아닌 내가 만들어 낸 것은 황홀하다.

무의식의 이야기는 누구의 것인가?

결국, 이 모든 게 나 아닌가?

내 마음을 바닥 깊은 곳에 눌러 놓고는 언제쯤 올라올지 기회만 엿본다.

자유로운 영혼이 누빌 수 있는 곳에서 영원히 꿈꾸며 살았으면 좋겠다.

2 · 3

괜찮다 괜찮다 괜찮다

들여다본다.

나는 괜찮다고 말했다.

그리고 괜찮을 거라고 했다.

정말로 괜찮다고 괜찮다고 했다.

그런데 오늘 어딘가에 비친 내 모습을 보고 알았다.

안 괜찮다.

진짜 안 괜찮다.

이 상실감, 절망감

나는 무엇을 하면 괜찮아질까

다시 괜찮다고 말해 본다.

화가 났다.

도대체 뭐가 괜찮은 건지조차 모르겠다.

무엇을 해야 괜찮아질까.

-작가 노트 中

아이가 첫발을 내디딜 때 빨리 걷지 못한다고 혼내는 사람은 아무도 없다.

하지만 자라면서 "왜 빨리 달리지 못하느냐.", "왜 그러고 서 있느냐?"라며 줄 세우게 하고서는 몇 번째인지 의식하게 만든다.

선착순 달리기하듯 남들이 뛰어가니 그냥 쫓아가라 한다. 또다시 되돌아가라 하니 어쩔 수 없이 터덜터덜 돌아선다. 잠시 쉴 틈도 없이 다시 뛰어가라 하니 또 힘을 내어 뛰어 보는데 나는 이미 지쳐있고 도무지 흥이 나지 않는다. 뛰어야 하긴 해야 할 것 같고, 말 그대로 바보 축구하는 꼴이다. 겨우 꼴찌에서 면해 보지만 큰 의미는 없다. 이도 저도 아닌, 아무것도 아닌 듯 맞는 듯, 무엇을 위해 뛰는지조차 알 수 없다. 모든 게 무의미하게 느껴지는 그런 날이 있다.

못 살겠다는 말을 입에 달고 있다 보니 이것도 아무렇지 않은 일에도 못 살겠다는 말이 튀어나오는 못된 버릇이 생겼다. 문득 '내 에너지는 밖으로 흘러가고 있구나!'하는 생각이 스쳤다. 나의 에너지는 온통 밖에 있는 것들로 영향을 받고 기쁨도 슬픔도 내 것이 없다.

시선을 안으로 돌리고 나를 되돌아보아야 했다.

그리고 나는 조금씩 어느 날부터 어둠의 회색빛 굴레에서 벗어나기 위해 달라진다. 나는 서두르지 않는다. 내 마음을 어린아이 달래듯 나를 달랜다. 괜찮아, 뛰어가지 않아도 돼. 괜찮아, 천천히 쉬지 않고 숨차지 않게 꾸준히 한 발씩 내딛자, 아이처럼.

시간이 흐르면 지금의 고통은 아무것도 아닌 것이 되는 때가 온다.

그것을 알면서도 지금 당장의 고통을 견뎌내기가 어렵다.

아무 신경 쓰지 말고 하고 싶은 것만 하고 살아도 된다면, 이제는 내가 생각하는 기준에서 똑바로 갔다가, 지그재그로도 갔다가, 뒤로도 갔다가, 재미있게 살아보고 싶다. 진짜 힘 쭉 한번 빼고 차라리 뒤처지더라도 내가 하고 싶은 것을 하며 살아야 사는 것이다.

이중 그림

주세페 아르침볼도
1527~1593

주세페 아르침볼도는 1527년 이탈리아 밀라노에서 태어나 1562년 합스부르크 왕가의 인연으로 오스트리아로 건너가 궁정화가가 된다. 그는 다양한 분야에 관심과 재능을 가지고 있었는데 이런 점에서 레오나르도 다빈치와 공통점이 많다.

아르침볼도는 섬세함과 관찰력이 뛰어난 예술품 감정가이면서 자연과학지식에도 해박한 지식을 가지고 있는 천재였다. 그의 작품을 보면 계절 시리즈 〈봄〉, 〈여름〉, 〈가을〉, 〈겨울〉에 이어 자연 시리즈인 〈불〉, 〈물〉, 〈땅〉, 〈공기〉라는 작품을 그렸고, 이러한 그림들을 그릴 수 있었던 합스부르크 왕가가 얼마나 자연과 세상을 사랑하는 마음과 생각이 깨어 있는 곳이었는지 짐작할 수 있게 한다.

1587년 궁정의 삶을 정리하고 고향 밀라노로 돌아오자 루돌프 2세가 무척이나 서운해했는데 그런 신성로마제국 황제 루돌프 2세를 위해 베르툼누스로 표현한 그림을 선물했다. 베르툼누스는 로마 신화에 나오는 자연과 계절의 변화를 다스리는 신이다. 열매, 채

주세페 아르침볼도, 〈베르툼누스(루돌프2세)〉, 1590, 목판에 유화

소, 꽃으로 풍요와 번영, 조화를 통해 훌륭한 지배자를 표현하고자 했던 이 그림은 이중 그림으로 부분적으로 보면 갖가지 열매와 채소, 꽃의 정물들이 보이고 전체적으로 보면 사람얼굴이 보인다. 자세히 들여다보면 왕관은 포도, 배, 버찌, 석류, 밀로 그려졌고, 눈썹은 밀 이삭, 눈은 검은 버찌, 눈두덩이는 콩꼬투리로 그려져 있다. 코는 서양배, 볼은 사과와 복숭아로 표현되어 있고 목부터 가슴은 무, 양파, 호박, 마늘, 오른쪽 어깨부터 가슴 아래까지는 꽃으로 장식되어 있다.

주세페 아르침볼도의 그림을 처음 보았을 때 괴상하기도 하고 풍자화 같기도 해서 "헉!" 하고 소리가 절로 나올 만큼 인상 깊은 그림이었다. 솔직히 이 그림을 처음 보았을 때 나는 풍자화로 생각했기 때문에 왕의 권위에 대한 도전으로 생각했고, 목숨은 부지할 수 있었을까 하는 염려가 컷던 그림이기도 했다. 아마도 앞에 언급했던 김명국이 살던 조선 중기의 인조 연간에 이런 그림을 그려 올렸으면 죽음을 면치 못했을 터이다.

루돌프 2세는 예술을 무척이나 사랑했던 황제에게 신성로마제국 황제의 지위가 고단함을 달래주기 위해 그에게 꽃과 과일을 이용해 황제의 얼굴 초상화를 그려 선물했으니 황제의 반응은 과연 어땠을까 궁금하지 않을 수 없다.

도통 웃을 일이 없었던 고단한 왕의 일상에 아르침볼도가 그려 보내온 초상화를 보고 많이 웃었다고 한다.

신성로마제국 황제 루돌프 2세를 웃긴 화가.

컬러 푸드의 색깔을 통해 얼굴을 표현한 주세페 아르침볼도는 이러한 그림들이 400여 년 전 식물, 동물 그 밖의 다양한 사물을 이용하여 기묘하고 환상적인 초상화를 그렸다. 당시에는 인기가 없었지만 훗날 초현실주의 살바도르 달리에게 영감을 주었고 초현실주의에 큰 영향을 준 화가로 현대에 와서 더욱 유명해지게 되었다.

아르침볼도는 꿈, 상상의 세계, 현실에서 일어날 수 없는 장면을 통해 이 시대의 진정한 초현실주의 화가였다.

이 그림은 이렇게 탄생되게 된 것이었다.

내가 보는 세상

어느 날 길을 걷다 문득 올려다본 하늘이 너무 예뻐서 사진으로 담았다. 그리고는 다시 사진으로 보니 그 하늘의 사진은 내가 바라본 하늘이 아니었다. 아름다움이라는 것은 본질, 현실, 내가 바라보는 것에 대한 생각이 함께하는 것이다.

같은 것을 보아도 다르게 느끼고 다름을 이야기하고, 같은 것을 입어도, 먹어도 모두가 하나같이 다르다. 하물며 각자가 다른 생각과 모습을 하고 있는데 똑같은 기준이 필요할까.

내가 본 것이 가장 아름답고 감동이었다 해도 다른 사람에게는 그렇지 않을 수 있다는 말이다.

우리는 자신만의 기준에서 착각하며 살아가고 있다. 보이는 게 다가 아니다. 우리가 보는 것이 거짓일지도 모르고 믿는 것이 진실이 아닐지도 모르는데 말이다.

믿고 싶은 대로 믿으며 살고 있고, 듣고 싶은 대로 듣고 있고, 많은 오해 속에서 서로를 흠집 내며 우리는 그럼에도 불구하고 행복이라는 추상적인 단어를 막연하게 쫓아가며 살아 내고 있다.

주세페 아르침볼도, 〈여름의 앉아 있는 인물〉, 1573, 유화

누군가가 나보다 더 잘났고 더 많은 것을 가졌는가가 중요하면 우리는 그 사람보다 불행한 사람이 된다.

덜 가졌다고 불행한 것이 아니라 누군가를 기준으로 세운 그 잣대로 인해 초라해진다.

내가 주제가 되어 아름다운 배경을 만들어라.

내가 무엇을 바라보느냐에 따라 달라지는 것,

중심이 될 수도 있고 배경이 될 수도 있다.

무엇에 집중하고 있느냐에 따라
보이는 것도 달라진다

달이 날마다 새로워진다 해서 소멸하는 것이 아니듯 자아 또한 날마다 새로워진다 해도 나의 본질은 변함없이 그대로일 것이다.

우리는 무엇이 두려운 것일까?

변화가 두려운 것인가?

변화를 마음먹는 것이 힘든 것인가?

언제부턴가 우리의 직업이 자신의 인생이 되어 버렸다.

과연 직업이 나인가?

우리가 원하는 변화란 과연 무엇일까? 변화를 추구하는 '나'라는 사람은 생각 외에 변화시키기 위해 어떤 행동도 하지 않았다.

새로운 변화를 꿈꾸는 것이 쉽지 않은 이유는 변화란 우리를 위험에 빠트리게 하기 때문이다. 어제의 생각을 뒤흔들어 놓고 내 안의 평화를 빼앗아 간다. 그렇기 때문에 오랜 시간 동안 익숙해진 것들을 버리고 새로운 것을 취하는 것은 결코 쉬운 일이 아님을 너무나 잘 알고 있다.

친한 동료와 이런 주제로 이야기를 나누다가 서로에게 질문을 던진다.

"너는 이 지루함에서 벗어나기 위해 무엇을 하였나?"

결국은 익숙함을 버릴 수 있는 용기가 없기 때문에 편안하고 안정적인 삶이 지루하고 늘어져 버려도 버리기가 쉽지 않다는 결론이었다. 버리고 떠날 수 있느냐에 대한 질문에 누구도 선뜻 대답하지 못했다. 이유는 떠나야 할 이유보다 떠나지 말아야 할 이유가 너무나 많았기 때문이다.

나이가 더해진다는 것은 책임져야 할 것들이 늘어난다는 말이다.

누구나 같은 생각인가 보다. 사실 한 발 내디더 보면 못할 것도 없는데 생각보다 어마어마한 일이 아닐 수도 있는데 말이다. 아마도 나는 가지고 싶은 것을 가지지 못했기 때문에 도전을 꿈꾸는 것인지도 모른다. 그 이면에는 남들에게 인정받고 싶은 욕구와 뒤틀린 자격지심에서부터 시작된 것일지도, 오기일지도 모르겠다.

"지금도 늦지 않았어. 네가 하고 싶은 대로 하고 살아. 네가 가는 길이 틀리지 않았어."라고 말해 주는 이가 있다면 더할 나위 없이 좋겠지만 사실 이상적인 상황은 잘 일어나지 않는다.

누구나 지금을 만족해하며 살라한다. 욕심 부리지 말고 지금에 만족하라 한다.

누군가를 책임져야 하는 나이에 네가 구태여 험난하고 확실한 보장되지 못한 일을 하려는 이유는 무엇이냐 묻는다. 용기 내어 가보라고 말해 주지 않는다. 그건 언뜻 어리석음으로 보이기 때문일 것이다.

"나는 네가 잘할 수 있을 거라 믿어."라는 그 말은 내가 변화를 꿈꾸고 행동하게 하는 에너지원이 된다. 혹시 이 글을 읽고 있는 당신 곁에 그런 사람이 없다면 독서를 권하고 싶다.

나 또한 그 에너지로 이 글을 쓰게 되었다. 꿈 꿀 수 있었고, 행동할 수 있었기 때문에 누구에게나 꿈을 이룰 수 있다고, 그것이 가능하다는 것을 증거로 보여 주고 싶었다.

당신은 충분한 가치가 있는 사람이다. 가치 없다고 생각하는 그 순간부터 가치 없이 행동하게 되는 것이 우리 삶이다. 각자에게 주어진 시간은 틀리고 언제나 오늘이 마지막이 될 수도, 내일이 마지막이 될 수도 있는 우리의 유한한 삶에서 늦은 때라는 것은 없다. 그렇다면 무얼 더 망설이겠는가!

오늘을 잘 살아야 되지 않을까, 스스로에게 끊임없이 질문을 던져본다. 그리고 결론을 내려라. 내가 행동해야 하는 것에 대해서. 자신에게 집중하는 순간부터 내가 가고자 하는 길이 보이고, 내가 하고자 하는 생각들의 에너지가 모아질 것이다.

보고 싶은 것이 보인다.

관심을 어디에 두느냐에 따라 내가 중심이 될 수도 있고 내가 배경이 될 수도 있다. 환경 그 자체가 우리를 행복하게 하거나 불행하게 할 수 없다. 우리의 감정을 결정하는 것은 그것을 어떻게 받아들이느냐에 달린 것인데, 그림과 같이 주제와 배경은 우리네 인생과 닮아도 너무 닮았다.

들여다보면 아름답지 않은 것은 아무것도 없다.

4 · 1

레오나르도 다빈치

우리가 예술의 중요한 영역이라 생각하는 미술이 다른 시대에서는 예술의 영역 안에서 대우받지 못하던 때가 있었다.

아리스토텔레스의 인문교육에서도 문법, 수사학, 천문학, 논리학, 산술, 기하학, 음악 과목과 손을 가지고 하는 일을 구별해 두고 있다. 고대 그리스 시대에서부터 귀족들은 시인은 우대하면서 손으로 하는 일은 하찮게 여겼기 때문에 미술가들을 천대하고 차별하였다.

그런 시대에 레오나르도 다빈치1452~1519는 사생아로 태어났다. 하지만 그의 재능을 알아본 아버지는 피렌체에서 화가이며 조각가인 안드레아 델 베로키오 스승 밑에서 도제수업을 받게 하였다. 그의 밑에서 거장으로 이름을 빛낼 수 있기까지 기초를 탄탄히 다지며 성장하였다. 스승보다 뛰어난 제자로 인해 스승 안드레아 델 베로키오가 다시는 그림을 그리지 않겠다고 다짐을 하였다는 일화가 전할 만큼 어릴 적부터 의심할 여지가 없어 보이는 천재였다.

생존 욕구가 채워지면 사회적 지위 상승의 욕구를 가지게 되는 것은 인간의 본능이다. 미술가들에게는 사회적인 편견과 차별은 자신이 넘어야 할 본능적 욕망이었고 그것이 자극이 되어 도전해야 할 과제가 되었다.

하지만 사회에 만연된 근성과 편견을 깨기란 모래사장에 있는 모래알을 세는 것 만큼 한계를 느끼기에 충분한 일이었다.

자신이 태어난 시대를 생각해 보면 그림 그리는 화가를 천시하던 사회 풍조와 사생아라는 자신의 약점이 그의 예술 창작에 걸림돌이 되었을 것이다.

하지만 당시 귀족들은 허영과 사치, 권력을 과시하기 위해 화려한 건물 짓기나 무덤을 장식하는 일에 아낌없이 후원을 하였다. 그 덕분에 미술가들의 지위가 상승되는 기회가 되었다. 이처럼 귀족들은 능력이 뛰어난 화가를 섭외하기 바빴고, 자신의 주관과 창작의 능력을 발휘할 수 있는 기회가 주어지게 되고 예전과는 달리 미술가가 주문을 수락함으로써 그들의 기분을 맞출 필요가 없게 된 시대가 온 것이다.

레오나르도 다빈치는 호기심과 관찰력, 강력한 정신력을 가진 사람이었다. 그런 진취적인 에너지는 살아 있는 평생을 타인으로부터 경외와 감탄의 대상이 되었다.

책에서 얻은 지식에 관심을 두기보다 자신이 읽은 것을 자기 눈으로 확인하고 받아들였다. 궁금하거나 모르는 것이 생기면 기존의 지식이나 권위자에 의지하지 않고 언제나 그것을 실험하고 직접 해결하는 끈기와 열정을 가졌다. 시체를 해부하는 것이 금기시되었던 당시 30구 이상의 시체를 해부해서 인체의 궁금증을 풀었

고, 자궁 속에서 태아가 성장하는 것을 조사하여 그린 최초의 인물
이기도 하다.

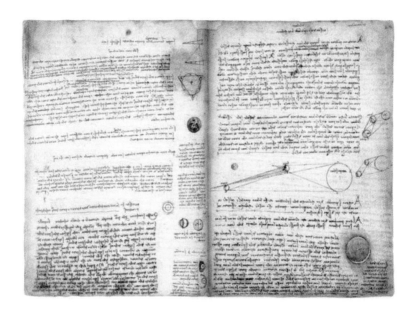

그가 쓴 기록 가운데 "태양은 움직이지 않는다."라는 글이 있다.
감당하기에 너무 큰 진실을 혼자 알고 있어야만 했던 시대에 그가
있었다.

모든 현상은 지구 중심에서 일어난다는 확고한 철학적 신념에서
비롯되어 신이 만들어 낸 유일한 장소라 여겼기 때문에 천동설을
지지하던 사람들에게 지동설에 관한 주장은 신에 대해 반기를 드
는 행위였다.

훗날 갈릴레오가 주장했던 '코페르니쿠스의 지동설'을 예견했음
을 말해 준다. 코페르니쿠스는 지구가 돈다는 사실을 알고 있으면

서 겁이 나서 발설하지 못하고 가까운 친구에게만 살짝 말했다. 그 후 몇십 년 동안 알면서도 말하지 못하는 가슴앓이를 하다가 죽기 직전에 비로소 발표하였다. 이탈리아의 철학자이자 수사였던 조르다노 부르노1548~1600는 코페르니쿠스의 주장을 지지했다는 이유로 종교 재판에 넘겨져 화형을 당한다. 이 주장으로 인해 갈릴레오 또한 재판에서 다시는 주장하지 않기로 하고 죽음은 면하였지만, 그 벌로 죽어서도 가족에게 갈 수 없었고 가족묘에도 묻힐 수 없는 불행한 삶으로 마무리되고야 말았다. 자신이 가진 관찰력을 뛰어넘는 통찰력을 가진 레오나르도 다빈치는 우리가 알고 있는 옳다고 믿는 것에 대한 사회적 신념에 대한 벽을 허무는 일은 죽음과 맞바꾸어야 하는 일임을 잘 알고 있었기에 침묵을 고수할 수밖에 없었을 것이다.

원근법의 법칙, 수학적 관심, 인체 구조 탐구해부학 등에 지대한 관심이 있었던 그는 회화, 조각, 건축, 음악, 지질학, 지도 제작, 식물학에도 해박한 지식을 가지고 있었다. 하지만 그의 사상이나 지식의 범위를 알고 있는 사람은 거의 없다.

그는 왼손잡이였는데 오른쪽에서 왼쪽으로 글을 써서 그의 글을 거울을 통해서만 읽을 수 있도록 기록했다. 자신의 견해가 알려지는 것을 원치 않았던 이유일 것이다. 그는 평생 독신으로 살며 사람들과의 소통보다는 존재하는 물상에 대한 관찰과 탐구만으로 삶을 살았다.

모나리자를 그리기 시작한 해는 1503년이다. '모나'는 부인을 칭하는 말이다. 피렌체의 상인 조콘다 부인의 이름 '리자'였다. 그래서 이 그림의 제목은 〈모나리자〉이다. 이 그림을 그리다 말기를 반복하다가 1519년 죽음이 임박해서야 완성되었다. 당시에 광학 실험이나 다른 일에 연구하던 일들은 결코 이 그림이 뒤늦게 완성시키게 된 것과 무관하지 않다.

이전의 화가들이 그린 인물을 보면 세부 묘사를 할수록 인물이 돌과 같이 딱딱해져 버리곤 했는데 그 문제점을 레오나르도가 해결하기 위해 사용된 기법을 '스푸마토'라고 한다.

'연기처럼 사라진다'는 이탈리아어 'sfumare'에서 유래한 이 기법은 윤곽과 색 사이의 경계를 확실하게 두지 않고 부드럽게 처리하는 명암법이다. 이를 통해 이 여인의 표정을 다양하게 읽을 수가 있는데 우리들에게는 신기한 일이 아닐 수 없다

인물의 표정은 입 가장자리와 눈 가장자리에 달려 있다. 가장자리 부분들은 부드러운 그림자 속으로 사라지게 함으로써 감정을 쉽게 읽을 수가 없다. 때로는 흐뭇한 미소를 짓는 것 같기도 하고 때로는 슬픔에 찬 듯 보이기도 한다. 그림을 두고 눈을 쳐다보며 우리가 좌우로 움직여 보면 우리의 몸이 움직이는 방향으로 눈이 따라 응시하고 있는 듯 느껴지기도 한다. 그리고 그림의 양쪽이 들어맞지 않는다. 배경은 풍경화인데 왼쪽의 지평선은 오른쪽 지평선보다 낮은 곳으로 표현이 되어 있다. 그래서 우리는 왼쪽에 초점을 맞추면 오른쪽에 초점을 맞출 때보다 인물이 약간 더 커 보이기도 하고 몸을 세우고 있는 듯 느껴지기도 한다.

그리고 많이들 궁금해하는 모나리자에 대한 눈썹에 대한 궁금증인데 세 가지 정도 설이 있다.

레오나르도 다빈치, 〈모나리자〉, 1503~1506, 나무판 위에 유화

모나리자 그녀의 눈썹은 어디로 간 것일까?

첫 번째 설은 그 시대 넓은 이마가 미의 기준이었기 때문에 눈썹을 뽑는 것이 유행했다는 이야기다. 두 번째, 레오나르도는 그리다 말기를 반복하다 미완의 그림이 많았는데 이것 또한 '미완의 그림'이라는 설이다. 세 번째, 보정 과정에서 유액을 덧바르면서 화학작용에 의해 지워진 것이 아닐까 하는 이야기이다. 그림이 세정 되고 광택용 니스를 바르기도 하였는데 그로 인해 균열도 생기고 원래의 그림에서 느껴지는 붓 터치가 많이 사라지게 되었다. 이러한 과정에서 시간이 더해지면서 눈썹이 없어지게 된 것은 아닌가 하는 추측이다.

우스개 소문으로는 모나리자가 레오나르도 다빈치, 자신이었다는 설도 있다. 너무 허무맹랑한 설인가?

이 그림을 그린 사람은 말이 없다. 그래서 이 그림이 갖는 의문은 풀릴 수 없기 때문에 더욱 신비로운 것이 아닌가 싶다. 만약 모나리자가 레오나르도 다빈치 자신이었다면 이것을 그리면서 훗날 궁금해 하고 있는 우리에게 답을 대신해 미소 짓고 있는 것일 수도 있지 않겠는가.

4 · 2

자신을 창조하라

현대 미술에서는 과학, 미술, 음악이라고 영역을 나누어 정의하는 경계가 무너지고 모든 영역이 통합된 시대에 살고 있다. 이런 시대가 올 것이란 것을 레오나르도 다빈치는 알고 있었을까?

시대를 초월하여 꿰뚫어 볼 수 있었던 눈을 가진 그는 우리가 볼 수 없는, 있어도 보이지 않던 것을 보았다.

여러 개의 모습을 자기화함으로써 그 모든 것이 하나가 되어 자신을 통섭할 수 있었다. 레오나르도 다빈치의 탐구는 미술창작에 필요한 지식을 얻고자 했던 것으로 과학자의 삶을 살고자 했던 것은 아니었다.

스스로 만들어 낸 수많은 자신의 모습 중에서 과학자이기 이전에 뜨거운 열정을 가진 예술가의 삶에 충실히 자기화를 완성시켰다. 예술가로서 당당히 인정받을 수 있도록 이 무수한 변화들을 위해 그는 항상 도전하였고 그 도전에는 한계가 없음을 보여 준 사람이었다.

그리고 변화를 시도하는 그 영웅은 창조적으로 변신하는 데 성공

한다. 무엇이 되었든, 그 무엇으로부터 그는 자유인이 된 것이다. 비로소 예술가 레오나르도 다빈치는 자유인이 되었다.

파릇한 싹이 올라오고 무성한 잎을 펼치며, 단풍이 되어 형형색색의 모습으로 산을 뒤덮고는 이내 살아남기 위해 나무는 잎들을 버린다. 추운 겨울을 나기 위해서 자연의 생존 법칙이 우리에게 지혜롭게 살아갈 수 있는 가르침을 준다고 생각한다.

자연 그리고 이 세상에 존재하는 모든 물상은 없어지는 것이 아니라 변화하고 재생되는 것이기에 또다시, 봄이 찾아오듯 우리의 변화는 자연 순리대로 어긋남 없이 살아야 한다.

그들의 인생이 함축되어 있는 그림 속을 들여다보면서 시간과 공간을 초월하여 우리의 인생과 꼭 닮았음을 알게 된다.

우리가 가지고자 하는 것은, 모든 것을 이겨내고 받아들였을 때 우주와 공명하는 순간이 온다. 미래의 우리들에게 의학적으로나 예술 영역에서나 영감을 주었던 레오나르도 다빈치가 떠나기 전 노트에 이렇게 기록했다.

보람 있게 지낸 하루가 포근한 잠을 주듯이 피땀으로 이루어진 일생은 편안한 죽음을 준다.

– 레오나르도 다빈치

그렇게 하루에 최선을 다하며 살았던 다빈치는 편안한 죽음으로 예순일곱 살의 나이로 편안한 잠을 자기 위해 세상을 떠났다.

4
확신 나는 어떻게 헤쳐 나갈 것인가

세상 밖으로 나온 작품들

대지미술

미니멀 아트의 영향을 받아 물질로서의 예술을 부정하려는 경향을 띠며 미술관을 벗어나 넓은 자연을 캔버스 삼아 작가의 상상대로 표현하는 예술을 대지미술이라 한다. 대표적인 사람으로 크리스토 자바체프는1935~ 불가리아 발칸 지역 가브로보에서 출생했다. 가진 것을 최소화하며 간소화하여 사는 미니멀 라이프가 최근에 유행이다. 예술 장르에서도 장식과 복잡함을 버린 미니멀 아트가 있다. 우리는 너무 많은 것을 가지고도 무한히 계속 소유하기를 원한다. 이러한 무게가 무거워 등허리가 휘는지도 모르고 말이다.

대지미술은 제작 과정에 걸리는 시간과 인력을 보면 수십 년과 수백 명을 동원하기도 하는 대작이다.

환경과 생태학에 관심을 바탕으로 자연환경에 울타리, 장막, 우산 등의 구조물을 설치하여 지역 시설의 인력을 이용해서 관람객을 끌어모으고 지역에 경제적 이익 또한 가져오는 효과를 주기도 한다. 미술 창작이 곧 사회적 생산으로 이어지는 대지미술은 대중을 향해 열려 있는 공공적인 미술의 성격을 띠고 있다.

크리스토 자바체프, 〈The Umbrellas〉, 1988, 대지미술 아이디어 스케치

세상 밖으로 나오면 이렇게 착해진다.

이 작품에서 자연과 구조물의 조화를 통해 갇혀 있는 시선을 누구에게나 열려 있는 공간으로 이끌고 신선함과 새로움을 가져다준다는 점에서 이보다 열려 있는 마음을 가진 작품은 없을 듯하다. 복잡함에 익숙해져 스스로를 인공적인 공간 속에 가둬 두고 살면서도 동트는 새벽 파랑에 힘을 얻고 저녁노을 지는 해를 보며 긴 하루의 고단함을 내려놓곤 한다. 우리는 인정할 수밖에 없는 자연의 한 부분이다. 나는 서서히 변해 가지만 이내 완전히 바뀌고 마는 자연의 사계절을 닮고 싶다. 분별함이 없이 밀물과 썰물처럼 조건 없이 서로 주고받을 뿐이다.

크리스토 자바체프, 〈The Umbrellas〉, 1988, 자연 공간에 설치

　사진 속 '노랑'을 한참 동안 바라보고 있었다. 나를 어디쯤, 그리고 어디로 데리고 가야 할까.

　크리스토의 작업을 바라보고 있으면 넓은 면적만큼이나 자유분방한 상상력으로 나 스스로가 자유로워지는 기분이 든다.

　나는 저기 멀리 보이는 점처럼 먼 어디쯤, 어느 한 지점에 서서 손 흔들고 있는 나를 상상을 해본다. 보이지 않아도 상상만으로 웃음이 난다. 노랑은 역시 기분 좋아지게 만드는 에너지를 가지고 있나 보다.

1 · 2

커져 버린 내 숟가락

올덴버그

실제는 작았던 물건이 거대한 물건이 되어 우리 눈앞에 놓여져 있다. 소비 사회에 진부한 오브제를 선택함으로 해서 관람자에게 시각적인 충격을 주면서 우리가 현실에 대한 비판의식의 결여에 대한 반성을 가져볼 수 있는 기회가 된다. 매일 똑같은 일상에 있어도 없어도 그만인 물건들이 초대형 물건이 되어 내 눈앞을 막고 서 있다. 나의 평범한 일상에 신선한 자극이다.

대형 환경 조각 작품을 마주하면 나는 《걸리버 여행기》를 떠오른다. 그러고는 순간 내가 작아진 것은 아닐까 하고는 유치한 상상에 피식 웃어 본다.

공공미술은 대중을 위한 미술 작품을 말한다. 우리 일상에도 흔히 볼 수 있는 공공장소에 설치되는 미술을 의미하는데, 이러한 작품들이 처음부터 전시장 미술 형태에서 벗어나 있었던 것은 아니었다.

1969년 예일대학에 세워진 올덴버그의 〈캐터필러 트랙 위 립스틱〉을 시작으로 본다. 일반 전시장 벽에 걸린 그림을 보며 동선을 따라 감상하는 방식을 취하는데, 작품들이 밖으로 나오면서 공간 안에 관객을 끌어들이게 된다. 대중들이 미술을 더 가까이 접근할 수 있는 계기를 마련한 올덴버그는 크기를 통한 강력한 이미지를 심어 주고 대상과 일상생활 간의 괴리감을 느끼게 해서 우리가 일상생활에서 미처 깨닫지 못하고 하찮고 진부하다고 생각하는 것들에 대한 생각을 일깨워 주고자 했다.

이러한 공공미술이 대중 곁에 정착하기 위해서는 안정적인 재원의 확보가 필요했다. 그래서 생겨난 퍼센트 제도이다. 이것은 도시의 건축물에 건축비용의 1%에 해당하는 미술 작품을 설치해야 하는 제도로 문화 환경 개선과 문화 예술 진흥을 목적인 것으로 우리나라에서도 86년 아시안 게임, 88올림픽을 앞두고 이 제도를 도입했다. 인공적인 차가운 느낌의 도시 건물들 사이에 미적인 부분과 조화롭게 융합되어 심미적인 부분과 인간의 정서함양에 큰 기여를

올덴버그, 〈스푼브릿지〉, 1988, 예술 조각

했다.

간혹 대중과 소통하지 못한 작품들이 있어 아쉽다. 대표적인 예로 서울 삼성동 테헤란로 포스코 센터 앞에 설치되어진 한때 철거 위기에 놓였던 〈아마벨〉 작품이 그 예이다. 미국의 추상화가인 프랑크 스텔라의 공공미술 작품으로 〈아마벨〉은 비행기 사고로 19세라는 꽃다운 나이에 세상을 떠난 소녀의 죽음을 위로하기 위해 이 사고가 난 비행기의 잔해를 모아 이 작품을 만들었고, 소녀의 이름인 '아마벨'을 부제로 달았다. 1997년에 설치된 이 작품의 가격은 17억 5천4백만 원이고, 1억 3천만 원의 설치비가 들었다는 사실도 대중들은 받아들이기가 힘들어했던 작품이었다.

서울의 중심지인 테헤란로를 지나는 시민들로부터 도시의 미관을 해치는 흉물이라는 지탄을 받았지만 지금은 작품 주위에 나무를 심어 흉물스런 모습을 감추는 것으로 일단락되었던 대중과 소통하지 못한 작품으로 손꼽힌다.

앞으로는 공공장소에 있는 작품들이 다양한 연령층과 소통할 수 있는 기회의 장이 될 수 있는 작품들이 많았으면 좋겠다. 문득 바라보다 무언가를 떠올라 미소 지을 수 있으면 좋겠고 그냥 바라보기만 해도 편안한 마음이 드는 작품이면 더더욱 좋겠다.

이렇듯 작품처럼 세상으로 나오면 사람들과 이야기를 한다.

나도 직장 밖으로 나와 대지미술과 같은 예술적인 삶을 꿈꾸어보아야겠다.

방법을 강구해보면 곧 그렇게 되겠지?

내 인생 안에 갇혀 있는 열정이 이제는 밖으로 행군을 시작하려 한다

부족함을 알고 채움으로 하나 되는 삶

오늘도 누군가와 소통하려 애썼고

변화의 가능성을 가늠해 본다.

고립되어 있지 말자.

소통하며 변화의 가능성에 대해 자신을 부추겨라.

자신의 이야기를 가지고 세상 밖으로 나와라!

－작가 노트 中

당신도 행복하지 않으세요?

당신도 하루 중 절반은 슬픈가요?

웃음 뒤에 숨겨진 내면의 모습, 웃지 못하고 있는 사람들의 내면의 통증이 느껴진다.

사람들은 희망이라는 단어를 좋아한다.

스스로 상처를 내기도 하고 희망이라는 단어로 스스로 치유하기도 한다.

살아가게 하는 힘은 어디서부터 오는 것일까?

독방의 한 죄수가 자살을 결심하고 있던 때 방에 한 줄기 빛이 들어온다. 그다음 날부터 그 햇살이 들어오는 시간을 기다리게 된다. 한 줄기 눈부신 햇살을 보고 싶어 자살할 수 없게 된 독방의 죄수는 꿈을 꾸기 시작한다.

내일을 기다릴 이유를 찾고 삶을 다시 희망하게 된 것이다.

우리는 스스로를 가두기도 하고 스스로가 벗어나기 위해 바동거리는, 그저 모두가 다 그런 평범한 인간이다. 때론 우리는 창살 없는 독방과도 같은 곳에 스스로를 가두기도 한다.

왜 어두운 방에 스스로를 가두게 되는 것일까?

우리는 어디에서 이토록 상처를 받는 것일까?

그리고 우리는 왜 스스로를 상처가 아물게 하지 못하고 자꾸만 덧나게 하고 있는 것일까?

세상의 모든 어긋남은 나라는 사람에게 내리는 지독한 벌이라 생각했다.

한때, 사람들의 개인 홈피에 웃고 있는 행복해 보이는 사진을 보고 나는 왜 저들이 웃고 있을 때 웃지 못하는가를 생각해 본 적이 있었다.

누구는 인생의 정답대로 살았고, 어떤 이는 오답을 살다갔다는 말은 없다. 단지 누구나 바라는 삶이 있을 뿐이다. 하는 일마다 잘 되어 부유하게 살았다는 사람이 부럽기는 해도 사는 여생 동안 잘 살았다고 스스로가 생각했다고 단정 짓기는 어렵다. 우리네 인생들 안에는 수많은 복잡 미묘한 감정들이 있기 때문이다. 그럼에도 나는 자꾸만 오답을 쓰고 있는 기분이 들어 불안해졌다.

어릴 적 우리들의 꿈은 만들어진다고 생각한다. 부모의 틀대로 학교의 틀대로 훌륭한 어른으로 성장해야 한다고 배우지만 나는 그렇게 성장하지 못했다. 어른들의 말을 잘 듣는 아이였는데 말이다.

어른이라는 탈을 쓰고서 여태껏 나도 모르게 어린 나에게 강요하고 있었다. 현실은 날카로운 날이 서 있는 작두 위 같았다. 베여 아파도 사회란 곳은 원래 그렇다고 말한다. 학교를 입학하면서부터 배움이 즐거웠던 기억은 딱히 떠오르지 않는다. 짝지와 함께 밥을 먹고 수다 떨던 기억만이 유일하게 기억에 남는 즐거움의 한 순간이다. 어쩌면 배움터에서 얻어야 했던 진정한 깨달음을 얻지 못한 채 사회에 나간 것인지도 모른다.

졸업을 하고 직장을 다니면서도 여전히 재미가 없었다. 이유도 모른 채 방황은 시작도 끝도 없이 계속되었다. 이러한 상황을 인정하고 또 참고 참아야만 어른이라는, 원래 사회는 그러하다는……, 나만 그런 것이 아니라는 말로 스스로 위로를 했다. 사회는 원래 힘든 것이라고 투덜대거나 징징거리는 사람을 미성숙한 인간으로 치부하기에 나는 날마다 속마음을 숨기고 가슴앓이하고 있었다.

이 현실에서 과연 내가 할 수 있는 일은 무엇일까?

내가 큰 동그라미를 그리는 과정에서 둥글어지기 위해서는 조금 휘어지는 것일뿐이라고. 자기 합리화하는 시간이 늘어났지만 이젠 조금 알 것 같다. 내가 진짜 하고 싶은 것을 찾지 못해서 그런 거니까. 일단 내가 진짜 무엇을 좋아하는지, 내가 원하는 것이 무엇인지, 지금 현재를 홀홀 털고 진짜 나를 찾아가 보자. 포기하지 않고 계속 가보자…… 하고 다짐한다. 쓰디쓴 아쉬움으로 달라붙은 입을 열어 본다. 찾아보자. 소리쳐 본다. 찾아보자. 이제라도 해보자.

부는 바람으로 이리저리 흔들리다 뿌리마저 뽑히기 전에 자신의 뿌리를 땅속 깊숙이 뻗치기 위해 내 인생 안에 갇혀있는 열정이 이제는 밖으로 행군을 시작하려 한다.

1 · 4

세상의 소리

노먼 록웰

세상에는 너무 많은 소음이 존재한다.

공기 중에 둥둥 떠다니는 온갖 소음들은 내 귀를 찌른다.

그렇다고 들리지 않으면 행복해지는가.

보이지 않으면 행복해지겠는가.

버리면 행복해지겠는가.

들리지 않으면 조용할 테고,

보이지 않으면 나를 둘러싸고 있는 공해가 보이지 않겠지.

버리지 못해서 너무 많은 것들을 가짐으로 인해 무거워지는 건

나뿐만이 아니겠지.

그럼에도 불구하고 보아야 하고 들어야 하고 가져야 하는

우리의 삶은 너무나도 무겁다.

머리 위로 우리를 내려다보며 새무리가 여유롭게 날아간다.

"엄마, 우리 집 벌써 다 왔네요."

"우리 집 어딘지 어떻게 알았지?"

"저기 긴 막대기 보면 알아요."

−작가 노트 中

층층이 알지 못하는 사람들과 긴 상자 속 안에 칸칸이 정확히 나눠진 곳으로 들어가 우리는 휴식을 취한다.

우리에게 집이라는 것은 특별하다. 성공이라 하면 든든한 직장, 그리고 집, 남들이 가진 것은 다 가지고 있어야 한다. 어쩌면 집이란 것은 물질적인 것 이상의 것일지도 모른다. 꿈을 꾸어야 하고 우리의 오늘을 살아내게 하는 에너지는 집으로부터 나온다.

우리는 오늘도 밖에서 치열하게 보내고 돌아온다.

수평적 삶은 평등을 꿈꾸고 이상적이라고 여기지만, 우리는 사실 어느 누구도 수평적 삶이 이루어질 것이라 믿지 않는다.

오늘도 누군가에게 지지 않을 만큼 있는 척해야 했고, 중요하다 생각하지 않은 누군가의 말은 흘러 버렸는지도 모른다. 수평 관계보다는 상하 관계에서 느끼는 잔인한 승리는 인간이라는 동물의 가장 못된 습성이 아닐까?

양팔을 벌려 나눌 수 있는 이웃과의 정, 나눌 수 있는 동료와의 우정이 그립다. 무엇이 우리를 이토록 치열한 경쟁 속으로 몰아넣고 냉정한 오늘을 보내게 만들었을까.

집조차도 상하 구조 속에서 누군가를 밟고 밟히며 오늘도 잠이 든다 생각하니 씁쓸하고 외롭다. 따뜻하게 볕이 잘 들어오는 정남향의 집을 꿈꾸듯 사람들과 볕을 공유하고 수평적 삶 속에서 푸르름이 주는 오늘을 휴식할 수 있었으면 좋겠다.

더 가지기 위해, 지키기 위해 이기지 말고, 땅의 크기를 줄이고 땅을 밟으며 계절과 함께 나이 들어가고 싶다.

미국의 일상을 소재로 그림을 그리던 노먼 록웰의 그림 〈장난,

상점 주인과 소녀〉라는 작품이다. 사진처럼 사실적으로 묘사가 되어 있지만 그 안에는 재미있는 모습을 발견할 수 있다.

상점 주인인 할아버지는 소녀에게 원하는 취향의 인형을 다양하게 보여주지만 소녀는 영 내켜 하지 않는다. 자세히 보면 인형의 얼굴은 상점 주인인 할아버지의 얼굴을 하고 있다. 할아버지의 취향을 소녀에게 드러내 보지만 소녀의 마음을 전혀 읽지 못하고 할아

노먼록웰, 〈장난, 상점 주인과 소녀〉, 1948, 유화

버지의 기준에서 최고다. 이렇듯 우리도 타인과의 대화에서 상대의 마음을 잘못 짚는 경우를 허다하게 볼 수 있다. 상점 주인 할아버지는 소녀가 맘에 들어 하는 것을 찾아주기 위해 애써보지만 소녀의 마음은 꿈쩍도 하지 않는다. 하지만 여기에서 포기할 것인가. 살다 보면 우리 일상에서 다반사로 일어나는 일이다. 상황은 늘 같다. 그림 안의 할아버지는 소녀의 마음을 전혀 읽을 수가 없지만 포기하지 않고 계속해서 소녀와 소통하기 위해 애써 보고 있다.

소통이란 국어 사전에는 서로 통하여 오해가 없음이라 설명되어 있다. 내가 의도하지 않았음에도 상대는 상처를 받고 그 상처는 시퍼런 칼날이 되어 돌아올 때가 있다.

누군가를 끊임없이 설득해야 할 날은 이어질 것이고, 함께이기 때문에 소통의 부재는 더욱 위험해지게 된다는 것을 깨닫게 되기도 한다. 소통은 멈추거나 방향을 바꾸지 않고 그릴 수 있는 동그라미와 같은데 나의 범위에서 얼마나 큰 동그라미를 그리고 있는가를 생각해 보게 한다.

2 · 1

아모르파티,
네 운명을 사랑하라

오귀스트 로댕, 〈다나이드〉, 1889년 경, 조각

몸을 웅크리고 머리카락을 길게 늘어뜨린 채 비탄에 빠진 여인의 모습처럼 느껴지시나요?

아름답다. 슬프다. 이 여인은 왜 이토록 슬퍼하고 있을까?

단테의 《신곡》 속의 이야기를 기반하고 있는 이 작품은 〈지옥의 문〉을 구성할 때 제작된 작품이다. 하지만 〈지옥의 문〉의 일부분으로 제작이 되었지만 구성이 변경되면서 현재는 독립적인 작품으로 남아 있다.

다나이드는 그리스 신화에 나오는 다나우스 왕의 딸들을 의미한다. 전해지는 이야기가 조금씩 틀리긴 하지만 내가 알고 있는 이야기를 풀어놓자면 이러하다.

다나우스에게는 50명의 딸들이 있었다. 어느 날 다나우스는 신탁에서 사위에게 죽임을 당할 것이라는 예언을 듣게 된다. 아라비아와 이집트 왕인 쌍둥이 형 아이깁토스 아들들과 혼례를 약속하였었는데 이는 왕인 자신을 죽이고 나라를 가로채기 위함인 것이었다. 그래서 딸들에게 단검을 주며 밤에 남편을 죽이도록 명령하게 된다. 단 1명의 딸은 아버지의 명령을 거스르게되지만 49명의 딸들은 남편을 죽이게 되고 남편을 살해한 죗값으로 49명의 딸들은 지옥에 가게된다.

그 이야기 속의 '다나이드'를 표현한 작품이다. 다나이드들은 절대로, 결코 채워지지 않는 독에 물을 퍼 나르는 형벌을 받게 된다. 살이 찢어지고 부러지는 육체적 고통만이 형벌이 아닌 것이다. 끝없는, 그래서 노력하지만 달라질 것이 없음에도 멈출 수도 없는, 포기하고 되돌아갈 수도 없는 반복의 고통인 것이다.

로댕의 수많은 작품 중에 가장 아름다운 여체를 표현하였다고 해도 과언이 아니다.

뜯기고 찢긴 모습 대신 너무나도 아름답고 가녀린 여인의 등곡선으로 그녀가 느끼고 있는 고통을, 그 떨림으로 짐작하고 상상해 본다. 고통마저도 아름다움으로 승화시켜 표현할 수 있는 로댕을 사랑하지 않을 수 없다.

작품을 보면 돌 속에 얼굴을 파묻어 버려서 디테일한 얼굴의 표정을 볼 수는 없지만, 작은 소리로 흐느껴 울고 있는 생명의 움직임이 느껴지는가.

절망에 빠진 떨림이 가슴을 아리게 한다.

2 · 2

포기란 없다

그리스 신화에 이와 같이 신으로부터 형벌을 받는 이야기가 또 있는데 시시포스 왕의 이야기이다.

측량할 수 없는 하늘 높은 곳까지 바위를 굴려 올리는 벌, 다 올리면 저 아래로 또르르 굴러가 버리는 그래서 다시 바위를 굴려 올려야 하는 끊임없이 반복되는 형벌은 다나이드가 받는 형벌과 닮았다. 그리고 우리의 일상도 닮아 있다. 의미도 없고 희망도 없이 끊임없이 시키는 일을 반복하며 바위를 밀어 올리고 굴러 내려가면 또 밀어 올리고 어딘가 우리와 닮은 곳이 있어 보이지 않는가?

어쩌면 오늘 아침 아무 생각 없이, 꿈도 낙도 없이, 시간 되면 일어나 몸이 움직이는 대로 차를 타고 이동해서 시키는 일을 하며 시간 되면 맛난 점심을 먹으면서 '그래 먹는 낙이라도 있어야지' 하고 안심했다. '누구나 그렇게 살아가고 있어'라며 자신이 처한 상황에 안주함이 당연한 것처럼 스스로를 위로하며 타협하는 하루를 보내고 있었는지도 모른다.

다나이드와 시시포스가 느끼는 내 고통과 닮았다. 꿈을 잊은 지

티치아노 베셀리오, 〈시시포스〉, 1548~1549년 경, 유화

오래고 하루는 그냥 내게 의미 없이 지나가는 날들이 많아지고 있고 순간의 환희만이 있을 뿐 미래를 위한 오늘을 잊어가고 있었다.

그렇지만 신의 형벌에도 불구하고 시시포스는 또 열심히 돌을 굴려 올리고 무한히 반복하며 다시 굴린다. 신을 굴복시킬 기세로 말이다. 여기서 우리는 또 한 가지를 배울 수가 있다.

달라지지 않을 거라 믿는다면 두말할 필요 없이 그냥 살아야 한다. 불평, 불만도 말하지 않아야 한다. 하지만 나는 그러지 못하고 오늘도 불평불만을 가득 쌓은 채, 스트레스를 풀기 위한답시고 몸의 스트레스를 더 쌓는 술을 마셨다.

불만을 이야기하지 않을 거라면 인정해야 한다. 하지만 인정할 수가 없다. 지금 내가 할 수 있는 그 한계에 대해 인정하고 싶지 않다.

한계에 부딪히면 하고 싶은 말이 튀어나오는 경우가 있다. 뒷일을 걱정하고 있는 나는 이미 '을'이다.

나는 십여 년 동안 아닌 것을 아니라고 말하지 못한 바보였다.

그런데 오늘 나는 냅다 지르고 본다.

다들 그럴 거다. 그냥 참을 걸 그랬나. 10분의 8은 잃었고 10분의 2는 본전이다. 이 정도면 괜찮은가.

잊어야 살아간다 했다. 하지만 나는 잊는 대신 바꾸기로 했다. 내 삶의 주인은 나인데 너무 많은 시간 동안 시키는 일하고 살았다. 그래서 나는 지른 김에 진짜 하고 싶었던 꿈이 뭔지 찾아보아야겠다고 결심한다.

2 · 3

앙드레 브리에

앙드레 브리에 화가는 타인과 소통 대신 자신의 내면과 소통을 시도한다.

이 그림을 처음 만났을 때 그간의 복잡하게 얽힌 일에 대한 생각과 인간관계에서 정리되지 않은 감정을 두고 마치 "이제 됐으니 그만 쉬어요."라고 하는 듯했다.

우리는 의도치 않게 상처를 받고 예상치 못한 곳에서 치유되기도 한다.

한참을 멍하니 바라보고 있다가 문득 이 마법과도 같은 이 느낌 무엇일까 궁금해졌다.

느린 소통. 이 그림을 보는 것처럼 말이다. 천천히 깊게 마음을 열어 바라보다 보면 그림 속 하늘을 만날 수가 있다. 호수에 비친 깊은 하늘이 보인다. 무한한 깊이와 넓이를 구태여 말하지 않아도 느낄 수 있다. 고개를 숙인 채 호수에 비친 하늘을 한참을 바라보고 서 있는 기분이랄까.

호수에 비친 하늘을 향해 날아가기 위해, 아니 뛰어들어 물결을 일으켜 보기 위해 자리에서 일어나 본다. 어떤 준비를 해야 하는 것일까.

앙드레 브리에, 〈호숫가의 벤치〉, 실크스크린

3 · 1

볼록렌즈로 세상을 바라보다

페르난도 보테로

사람들은 뚱뚱해진 보테로의 그림을 보면서 외모지상주의에 대한 비판은 아닌지 오해를 한다.

뚱뚱한 사람이 성격도 좋다든지 우리 할머니 세대에는 못 사는 사람들이 말랐다는 생각으로 후덕해 보이는 것이 미덕이었던 때가 있었다. 보테로는 볼록렌즈를 끼고 세상을 바라본 사람이다. 공기 가득찬 풍선처럼 표현된 사람조차 날씬해 보이는 그의 눈을 통해 아름다움의 기준이 무엇인지 한 번쯤 생각하게 만들기도 한다.

페르난도 보테로1932는 콜롬비아 메들린에서 태어났다.

현실과는 상관없는 비례의 조형성으로 대가들의 작품을 차용하여 자신만의 독창성을 강조하는 작품들을 탄생시킨다.

보테로의 작품은 모두 풍선에 바람을 불어 넣은 듯 뚱뚱하게 부풀린다. 보테로만의 이러한 작품에 대한 표현은 45년 이상 그의 회화의 중심이 되어 왔다. 작품 속 모든 작품들은 볼록렌즈로 세상을 바라보듯 과장되어 있고 이러한 작품을 보면 보테로의 작품임을 쉽게 알아본다. 그의 그림을 처음 대하는 사람들이나 꾸준히 보아 온 사람들조차도 그의 표현 방식을 그림의 차용에서 오는 패러디, 풍자적 그림으로 해석한다.

하지만 보테로는 왜 그가 뚱뚱한 인물을 그리는지에 대한 질문에 대한 답으로 "나는 뚱뚱한 인물을 그린 적이 없다"고 답한다. 변형과 팽창의 과정은 미술사의 양식의 변화와 같은 맥락에서 해석하면 될 것이다. 캔버스가 가진 평면성의 한계를 극복하여 사물에 볼륨을 주므로 양감 표현에 집중할 수 있었고, 그것을 통해 사물들이 가진 특징을 사라지게 하고 팽창을 통해 부풀림에 집중하게 한다.

사람들의 안면 주름이 펴지고 매끈해질 때 나이 들어가는 내 삶에도 조금은 필요해 보일 때가 가끔 있다. 하지만 팽창을 통한 양감 표현은 각자가 가진 개성이 사라지고, 인물의 구분도 어려워지고, 남녀의 성별도 하나의 육중한 덩어리로 옷과 장식으로만 구별된다. 긴 머리카락만이 남녀 구별의 기준이 되는 것에서 그의 의도를 파악할 수 있다. 그는 관람자의 시선이 인물의 개성 있는 외모에 집중되길 원하지 않았기 때문에 딱딱하고 부드러운 사물들조차도 탄력 있는 고무처럼 취급되도록 어떠한 차이도 만들지 않는다. 오직 양감 있는 덩어리로 보이길 바랄뿐이다.

몰개성한 특성, 부동성이 작가의 의도였던 것이다.

작가의 의도와는 달리 나는 왜, 젊어지기 위해 성형과 시술을 통해 서로가 세운 미의 기준대로 똑같이 예뻐지기를 따라가고 있는 이들이 떠오르는 것인지. 물론 보테로는 현대인들의 외모지상주의에 대한 비판의식을 가지고 미의 기준에 대해 이야기하고자 하지 않았다. 과장이 아닌 실제의 회화 본질을 볼 수 있었으면 하는 바람에서 인물들의 시선은 정면을 향하고 있고 아무런 감동 없는 얼굴, 공허한 눈, 초점이 모호한 인물들이 탄생하게 된 것이다.

보테로의 세상에는 현실 세계의 사실과 무관하게 그만의 비례가 있는 세계가 존재한다. 사람들이 왜 이렇게 공장에서 찍어낸 듯 귀여운 인형 같은 형태, 뚱뚱해 보이는 형태를 그리는지에 대한 질문에 대해 "나는 모르겠다. 내게는 그들이 날씬해 보인다."라고 대답한다.

자신의 미술이 심리학적으로 해석되는 것조차 거부했다. 결코, 풍자나 공포, 무의식 감정에 의한 표현으로 형태를 왜곡시키는 것을 원치 않았다. 단지 개성이 배제된 전형적인 특징을 소유하며 절대적 양감을 지닌 형태를 창조하기 위한 것일 뿐이라고 말이다. 회화의 납작한 공간에서의 한계를 벗어나 실제 공간에서 표현할 수 있는 기쁨을 한껏 누리고 싶었던 의도였을 것이다.

3·2

순응 대 늙음

"겉모습이란 건 가장 지독스러운 허위일지도, 노인을 패잔병처럼 취급하는지도 모른다"

– 셰익스피어

르네상스 시대에는 늙은 여인을 그린 그림이 많다. 동양에 비해 서양은 노인을 대하는 태도가 부정적이었다.

에라스무스는 늙음을 병이라 여겼다. 플라톤은 노인의 지혜를 칭송했지만, 로마의 시인들은 노인을 매도하기를 즐겼다. 중세 시대에도 노인을 죽음과 같은 존재로 여겼는데 늙은 남자는 무가치하고 늙은 여자는 마녀에 비유하던 시대였다.

우리는 중세를 벗어나 미의 절정의 르네상스 시대를 인간의 해방으로 알고 있지만, 르네상스 시대에는 늙음을 더 멸시했다.

이처럼 동양과 서양에서 나이 듦에 대한 시각은 차이가 있었다.

우리나라 전래 동화 중에 나이에 관한 이야기는 종종 나오는데, 나이 많은 사람을 지혜롭고 존경받을 만한 대상이라고 생각했다. 이 동화에서도 이런 전제가 깔려 있기 때문에 나이 많은 사람을 예우하는 것에서 시작된 이야기다.

옛날에 떡이라면 자다가도 벌떡 일어나서 먹는 토끼와 두꺼비가 있었다. 이들이 떡을 만들어 먹으려 하고 있는데 호랑이가 나타났다. 떡도 많지 않으니 내기를 해서 나이가 제일 많은 동물이 먹기로 하자고 했다. 호랑이는 자신 있게 지금 살고 있는 산이 맨 처음 생길 때 태어났다고 했다. 토끼는 하느님이 이 산을 만드시려 할 때 지게로 흙을 날랐다고 한다. 그러자 두꺼비가 훌쩍훌쩍 울기 시작한다. 이유인 즉슨 나무를 잘라서 지게를 만드는 일을 하던 죽은 아들이 생각난다는 것이었다. 토끼가 짊어 나르던 지게를 두꺼비 아들이 만들고 병이 나서 죽었다고 한다. 결국, 두꺼비가 가장 나이가 많은 동물이 되었다는 이야기이다.

정말 나이가 많다는 것은 지혜롭다는 뜻이 될까? 순간 드는 생각인데 나도 점점 지혜로운 인간으로 거듭나야 할 텐데

물론 그럴 수도 있고 아닐 수도 있을 것이다. 하지만 적어도 나이가 많아서 슬퍼지는 이야기는 아니다.

우리나라 사람들은 나이에 민감하다.

20대 때 직장에서 같은 동갑내기를 만나서 무척이나 반가워 하며 이야기를 나누었다. 그런데 아주 조심스럽게 와서 이런 말을 했다.

자기는 빨리 학교에 들어가서 자신이 한 살 많은 선배 언니와 친구라고 말을 하고 유유히 사라졌다. 미소 짓고 있던 나의 얼굴은 경직되어 한참을 생각했다. '저 말을 왜 하는 거지?'

결론은 이렇다. 나이는 같더라도 한 살 일찍 학교에 들어갔으니

언니라고 불러라 뭐 이런 거였다. 지금은 웃고 넘기는 이야기가 되었지만, 나이가 중요한 20대 때 새로 사귄 친구 하나를 잃는 순간이 떠올랐다. 이처럼 나이가 많고 적음이 중요한 기준으로 생각하는 사람이 많다. 나조차도 가끔은 그러기도 했다. 유학 시절 같은 교실에서 수업을 듣는 친구들에게 나이를 물어본 기억이 난다. 우리처럼 한 해 단위로 나이를 계산하지 않고 만으로 계산하고 생일이 지나지 않으면 또 한 살이 적었다. 오히려 나이를 물어보는 나를 이상한 듯 쳐다보았는데 지금 생각해 보면 부끄러운 일이 아닐 수 없다. 배움에 뜻이 같아서 한 교실에 앉아서 공부하는 친구들에게 나이로 언니 대접을 받겠다던 내 속마음을 그들이 알았더라면 생각만 해도 낯이 뜨거워진다.

4 · 1

쿠엔틴 마시스

그로테스크한 늙은 부인

미녀는 두 번 죽는다고 한다.

아름다움을 잃었을 때, 그리고 생명을 잃었을 때다. 아름답지 못한 자들의 운명이란 야만적이고 비참했던 시대 속에서 비극적인 삶이다. 과연 르네상스 시대만의 이야기일까.

늙음이 병이라고 말했던 에라스무스의 친구였던 쿠엔틴 마시스는 추한 공작부인을 강렬한 그로테스크한 모습으로 담았다. 그런데 나는 이 그림을 보고 너무 못생김에 충격을 받기는 했지만 나이든 여인의 모습에서 자신감에 끌려 한참을 들여다보았다.

과연 미의 기준은 무엇일까.

나이든 여인의 모습에서 천진난만한 표정을 읽을 수 있었다. 그 모습에 빠져 한참을 보다가 지나쳤는데 미美에 대한 생각을 하다 이 그림이 다시 생각났다.

과연 미의 기준은 무엇이 되어야 할까.

알고 있는 미의 기준 말고 내가 생각하는 미는 외모이든 아니든 그 사람을 집중하게 만드는 곳에 있다 생각한다. 겉으로 보이는 미는 중요하다. 그 사람의 자신감이 외부에서도 드러나는 거니까.

이 그림을 그린 쿠엔틴 마시스의 의도도 충분하다고 생각한다. 어차피 추한 모습을 담기 위해 자신이 생각하는 미녀가 아닌 추녀를 그렸으니까 충분하다 인정해 주고 싶다. 그리고 나는 그와 상관없이 이것을 '아름답다'라고 정의해 본다.

쿠엔틴 마사스, 〈그로테스크한 늙은 부인〉, 1525~1530, 패널에 유채

젊음

나이 듦에 관한 이야기에 이어 피끓는 젊음에 관한 이야기이다.

그리스 신화에 태양의 신 헬리오스가 지상으로 휴가를 왔다가 강의 요정 클리메네와 사랑에 빠지게 되고 헬리오스는 하늘로 올라가서는 까맣게 잊고 살다가 사이에 파에톤이라는 사내가 찾아와 헬리오스 당신 아들이라 말한다. 자신의 아들임이 확인되자 헬리오스는 파에톤이 원하는 것을 다 들어주기로 한다. 파에톤이 아버지의 절대적 능력인 태양의 마차를 몰아 보게 해달라고 떼를 쓰자 헬리오스는 하는 수없이 허락을 하게 된다.

파에톤은 태양의 마차를 피끓는 젊음의 혈기로 질주하게 되는데 천상과 지상에 불을 부치며 순식간에 무질서하게 만들어 버렸다.

파울 루벤스, 〈파에톤의 추락〉, 1604, 유화

칼로 사자체니, 〈이카루스의 추락〉, 1606~1607, 동판에 유화

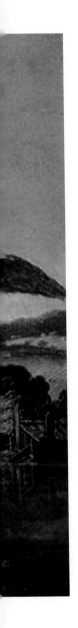

이것을 본 제우스가 화가 나서 벼락을 내려서 파에톤을 죽게 한다. 젊음은 아름답고 도전적이지만 때로는 무모하고 두려움이 없다.

이카루스와 다이달로스이 이야기에서도 아버지인 다이달로스가 만들어 준 날개를 달아 주며 밀납으로 붙였으니 너무 높이 날게 되면 태양으로 인해 녹게 되니 너무 높게 날지 말기를 신신당부한다. 그리고 너무 낮게 날게 되면 바다에 빠지게 되니 적당한 높이와 속도로 날아가기를 당부하지만 혈기 넘치는 이카루스는 아버지의 조언을 귀담아 듣지 않고 태양 가까이 높이 날다가 그만 추락하게 되고 만다.

아버지는 무사히 날아와 안정된 곳에 내리게 되지만 말이다.

적당한 선을 지키고 넘치지 않는 것을 젊을 때 부터 배워야 한다.

인연

아몬드나무

트로이 전쟁을 승리로 이끈 데모폰 장수는 전쟁 후 어느 성에 잠시 머무른다. 그곳에서 필리스와 사랑에 빠지는데 고향 아데네에 가족이 기다리고 있었기 때문에 돌아오겠다는 약속을 남기고 떠난다.

필리스는 아무리 기다려도 오지 않는 데모폰을 기다리다 고통과 절망에 빠지게 된다. 결국, 목숨을 끊게 되고 그 자리에 아몬드나무 한 그루가 아름드리 자란다. 너무 늦게 그녀를 찾아온 데모폰은 필리스가 죽은 그 자리에 자란 아몬드나무 앞에 선다. 아몬드나무에 입 맞추자 봇물 터지듯 꽃잎이 날린다. 반 고흐가 그린 그림이 이 장면인데, 1890년 고흐가 죽던 해 동생 테오의 딸에게 탄생 축하로 삼촌이 그려 주게 된 그림이다.

빈센트 반고흐, 〈꽃피는 아몬드나무〉, 1890, 유화

콜몬들리 자매

작가 미상, 〈콜몬들리 자매〉, 1600~1610년 경 추정, 패널판에 유화

왕실의 쌍둥이가 결혼을 해서 같은 날 동시에 출산을 하게 되자 그것을 기념하는 그림이다.

17세기 영국의 초상 회화이다. 이 그림에는 "콜몬드리 집안의 두 자매, 같은 날 세상에 태어나서 결혼식도 같은 날 하더니 같은 날

아기를 낳았다네."라는 문장이 따라다닌다. 이렇게 기념하기 위해 그려진 기념화이다.

기막힌 우연, 인연이다. 옷깃만 스쳐도 인연이다. 진부한 이야기처럼 들리기도 한다.

'인연이 무엇인지, 살면서 스쳐 지나가는 사람이 얼마나 많은데 기억에조차 없는 사람이 그 모두가 인연일까?'라고 생각했던 때가 있었다. 하지만 알고 보면 늘 가까이에 있었고 때가 되면 다시 만나는 것이 인연이다.

서로 알지 못하는 관계였지만 같은 기억을 공유하기도 한다.

사는 동네가 같아 같은 학교에 다니게 되기도 하고 그걸로 인연이 끝나기도 한다. 만남과 이별은 무한 반복이고 만남은 언제나 설레고 이별은 항상 슬프다.

학창 시절 국어 선생님께서 인연에 대한 이야기를 해주셨는데 전생과 같은 현실 세계의 이상이 있을지도 모른다는 말씀을 하셨다.

선생님께서는 오래전 집채만한 개에게 물려 그 일로 인해 오랜 병원 생활을 하게 되셨다. 퇴원 후 새로 구한 집에서 충격적인 사건이 발생한다. 새로 이사한 자신의 집에 놀러 왔던 대학 동창이 주인집에서 키우던 큰 개에게 물려 사망하게 되는 사건이 일어난다. 전생의 인연에 대한 죄, 업이라는 것이 아닐까. 생각한다고 하셨다. 그 죄로 개에게 두 번이나 죽을 뻔하지만 친구가 대신해서 죽었다는 생각을 하고 계셨다. 이 이야기를 들었을 때 양귀자의 《천년의 사랑》이라는 소설책의 이야기가 떠올랐다. 정말 전생이 존재한다는 것이 사실라면 우리가 지금 만나는 인연들은 오래전부터 함께

해 온 사람들이라는 것이다.

그렇다면 지금 나를 미치도록 힘들게 하는 상사는 전생에 내가
지은 업 때문일까? 일단, 그렇게라도 이해하고 보니 좀 덜 억울하
긴 하다. 나는 아마 그때부터 인연에 대해 심오하게 생각했던 것 같
다.

4 · 4

기억 속의 인연

유학 시절 만났던 사람 중 잊히지 않는 친구가 있다.

탄자니아 국적의 190cm가 넘는 무척 큰 키에 혼혈아로 흑인들과는 다른 외모의 친구였다. 5개 국어를 하는 무척 똑똑하고 순수한 친구였는데 처음 보았을 때 흔히 보던 외국인의 모습이 아니어서 낯섦에 친해지기가 쉽지 않았다.

내가 머물고 있던 곳은 국제센터에서 운영하던 곳으로 다양한 나라 사람들을 머물고 있었다. 어느 날 공중전화에 서서 전화를 하고 있는데 뒤에서 서툰 한국말로 "안 녕 하 세 요?" 하고 인사를 하는 게 아닌가? 알고 보니 친구 중에 한국 친구가 있었는데 장난스레 한국말을 몇 가지 가르쳐 준 모양이었다. 어색한 말투로 "시 간 있 어 요?", "차 한 잔 할 까 요?" 하는 진부한 인사말에 웃음이 "빵" 터져서는 그 이후로 인사를 하는 사이가 되었다. 물론 대답은 "시 간 없어요." 라고 했지만 말이다.

탄자니아 친구는 무척 긍정적인 성격이었다. 걱정 띤 얼굴을 하고 있는 나에게 언제나 "no problem! don't worry!"를 외쳤다.

어느 날 친구들과 산책을 하러 항구까지 걷게 된 적이 있었다. 큰 다리 위에 서서 바다를 바라보는데 하늘이 맑은 밤이어서 바다에 비친 달과 별빛이 유리알같이 반짝였다. 잊혀지지 않는 그림 속 같은 밤이었다. 그 풍경을 지금 떠올려보면 현실이 아닌 꿈속이었던 것 같다.

그렇게 모두들 한참을 걷다가 공원에 다다랐을 때 갑자기 비가 쏟아져 내렸다. 갑작스럽게 내리는 비에 당황스러웠으나 모두들 서로를 보며 웃었고 가로등 아래 위치한 지붕 있는 벤치에 몸을 피했다. 한참을 그렇게 앉아 비를 바라보고 있으니 영화 속 주인공이 된 것도 같았고 꿈속 같기도 했다. 가로등 불에 비치는 비와 꽃과 풀들은 빛으로 영롱하게 빛나고 있었다.

그때부터인가. 나는 비오는 날을 무척 좋아한다.

나는 항상 쫓기듯 살았다. 그렇다고 뭔가를 대단히 열심히 한 것도 아닌데 여유가 없었다. 항상 조바심이 났다. 한날은 물건을 사러 편의점을 가는데 신호등이 깜빡거린다. 미친 듯이 옆에 친구에게 뛰어야 한다며 다급하게 말을 하는데 친구가 넌 뭐가 그리 급하냐며 도리어 묻는다.

"천천히 가도 괜찮아!"

한 대 얻어맞은 듯 멍했다. 그래서 나에게 물었다.

'무엇이 급해서 이 횡단보도를 뛰지 않으면 안 되고 무엇이 나를 몰아붙이고 있었을까!'

아무도 나에게 지금 뛰지 않으면 안 된다고 하지 않았고 뛰어야 할 이유도 크게 없었다. 그렇게 멈춰진 순간처럼 비를 피해 앉아 있는 동안 나에 대한 이런저런 생각을 천천히 해보았다.

"no problem! don't worry!"를 말해 주던 그 친구는 지금 뭐하고 있을까?

가끔 조바심이 날 때 그 친구가 나에게 외치던 'no problem! don't worry!' 듣고 싶다. 어느새 비는 그쳤고 모두들 자리에서 일어나 돌아 오는 길, 피식 웃음이 났다.

나는 도대체 어디에서 이렇게 흠뻑 젖었을까.

앙드레 브리에, 〈Le champ d'Iris〉, 2000, 실크스크린

헤어지던 겨울,

다시 만날 기약 같은 건 없다. 지켜지지 않을 것 같아서. 그래서 이별은 슬프고 아팠다.

서로의 앞날을 축복해 주었고 그렇게 마음속 깊이 간직하며 살아가기로 했다. 서로가 너무 먼 곳에서 태어났고 서로를 응원해 주고 있는 지구 반대편에 내가 있다는 것을 그 친구는 기억하고 있겠지? 그것으로 충분했다.

그림 속 한 장면처럼 그들의 인연을 기념하기로 했던 그날처럼 나도 그림으로 남겨둘 걸 그랬다는 아쉬움이 남는다.

4 · 5

오랜만의 외출

어리석은 사람은 인연을 만나고도 몰라보고,
보통 사람은 인연인 줄 알면서도 놓치고
현명한 사람은 옷깃만 스쳐도 인연을 살려낸다.

— 피천득

　나는 어떻게 헤쳐 나갈 것인가를 고민 끝에 서 있었다. 지금도 물론 고민 끝에 얻는 결심들을 천천히 행동하면서 고민하고 있다. 정답이 없는데 정답이 있는 것처럼 찾으니 찾을 수 없는 것이다.

　오랜만에 외출을 한다.

　일상과는 다른 외출.

　만나면 좋은 사람, 만나면 마음이 따뜻해지는 사람, 만나면 깊이가 있는 대화가 되는 사람을 만나러 가는 길이다.

　기차 안에서 그동안 느껴보지 못한 이 마음. 이 마음이 무엇일까?

　세상은 내가 멈춰 있는 동안 많은 변화를 하였다. 나는 10년 동안 가만히 서 있었던 것처럼 느껴졌다. 물론 변화를 꿈꾸고 행동하기까지의 긴 방황은 결코 헛된 것이 아닐 것이라는 것을 알면서도 이제는 그만하고 싶었다.

10년하고도 만 2년 만에 대학 시절 지인을 만나러 가기 위해 채비를 한다.

기억을 더듬거리지 않아도 될 만큼 생생하게 떠오른다. 마창진 일본어 스터디 카페를 만들어서 함께 운영하는데 도와줄 수 있냐고 제안을 했던 분이다. 이 카페는 대표의 재능 기부 차원에서 가볍게 시작해서 가입 회원이 1,000명이 넘는 대형 스터디로 성장했고, 여기에서 유학을 떠나는 사람도 꽤 되었다. 처음에는 기초반으로 시작해서 중급, 고급반에 이어 유학생까지 배출되는 상황으로 커진 대형 스터디 카페였다. 무엇을 어떻게 해야 할지는 만들고 생각하는 이분의 대단한 실행력은 내가 이미 인정하고 있었기 때문에 설레이는 마음으로 J.C.P 중앙의전 이정훈 대표를 만나러 서울로 향했다.

지금은 자신의 책 《불리한 청춘은 있어도 불행한 청춘은 없다》와 《10권을 읽고 1,000권의 효과를 내는 책 읽기 기술》 외 다수를 내고 강연을 통해 현재 가지고 있는 직업과 동시에 다른 삶을 살아가고 있다.

내 삶이 멈추어 있는 삶이었다면 이정훈이라는 사람은 역동적이고 신나는 삶을 살고 있다고 표현하면 될 것 같다.

그 삶이 부럽기도 했고 멋있기도 했다. 오랫동안 만나지 못했지만 10여 년이라는 시간이 무색할 만큼 엊그제 본 사람같이 편안한 이야기를 나눌 수 있었다.

변화를 생각하고 행동하는 일은 말만큼 쉬운 일이 결코 아니다.

지금은 내가 써 내려가는 책이 곧 활자가 되어 많은 이들의 손에 닿을 수 있게 됐지만, 이런 순간이 오기까지 나는 변화를 꿈꾸고 행동하기까지 3년이라는 시간이 걸렸다.

그리고 내가 행동하겠다고 마음먹은 그해 나는 이정훈 대표를 만나러 갔던 것이다. 사실 이것 또한 쉽지 않았다. 울산에서 서울까지 가는 길은 거리만의 문제가 아니었다. '왜'라는 질문을 하면 너무나 많은 답이 나온다. 가지 말아야 하는 이유, 가야 하는 이유, 그렇기 때문에 일단 생각했던 일들을 행동부터 해보았다고 말하면 정확할 것 같다.

나의 일상은 늘 똑같은 걱정에 똑같이 반복되는 재방송 드라마 같았다. 힘든 것도 똑같이 늘 힘들고, 즐거운 것도 늘 고만고만한 대로 즐거웠다.

목표가 없다는 것은 미래를 꿈꾸지 않는다는 것과 같다.

내가 말하는 꿈은 돈을 열심히 모아서 무엇을 사고 어디를 가고의 문제가 아니었다.

돈이 많지 않아도 아껴서 여행을 가면 되는 것이고 먹는 것도 다 먹고살게 되었는데 그 이후가 문제였다. 여행에서 돌아오면 허무하고 먹는 순간에는 맛있고 행복한데 다 먹고 나면 그 행복한 감정도 이내 사라졌다.

이런 꿈 말고 진짜 매일 나를 움직일 수 있는 에너지가 있는 꿈을 꾸고 싶었다.

내 머릿속에 있던 그 꿈을 행동해 본 적이 없어서 그렇게 살고 있는 사람을 내 눈으로 보아야겠다는 생각이었다.

단 한 번도 나를 위해 나만을 위한 시간을 내어서 나서 본 적이 없었나 보다. 기차를 타러 가는 길부터 해서 긴 여정 동안 모든 것이 낯설었고 모든 것이 두려움의 대상이었다. 사회생활을 하는 사람치고는 내가 마냥 어린아이처럼 길 잃을까 봐 안절부절못했고 낯선 사람들이 마냥 신경이 쓰였다.

이런 내가 진짜 우물 안의 개구리였구나!

세상에는 다양한 사람들이 있고 뉴스를 통해 접하는 나쁜 기사들은 나의 일상과는 상관없이 일어나는 누군가가 하는 이야기에 지나지 않았다는 것을 이제는 알 것 같다.

혼자 처음으로 탄 ktx 기차에서 옆에 앉은 남자분이 식음료를 파는 아주머니에게 커피 두 잔을 주문해서 한 잔 준다. 내내 뜨거워 마시지 못하기도 했지만 낯선 사람이 '왜'라는 생각에 마실 수가 없었다.

'왜'라는 생각은 두고 일단 고맙다고 말하고는 도착할 때까지 멍 때리고 있었다. 지금 생각하면 이상한 경험이었다. 나의 첫 외출을 알아차렸을까. 긴장해 보였던 것일까.

미래에 대한 삶의 목표가 없다는 것은 밑 빠진 독에 물 붓는 일처럼 채워도 채워지지 않는 허무한 날이 될 것이다.

무언가를 거대하게 이루어야 한다는 뜻이 아니다. 내가 가진 에너지로 삶에 쏟고 싶었고, 그 생각을 집으로 돌아오는 기차 안에서 끄적여 본다.

1. 내가 잘하는 것, 잘할 수 있는 것으로 책을 만들고 싶었다.
2. 나는 많은 사람을 만나서 소통하는 강연가가 되고 싶었다.

그리고 그날부터 매일 그것을 읊조렸다. 매일 같은 것을 생각한다.

변화는 거창한 것이 아니다. 단지 지금 이 상태에서 다른 상태로 옮겨가고자 하는 에너지를 모아서 움직이는 것이다. 그렇지만 그것이 결코 쉽지 않다. 하지만 내가 아는 이정훈이라는 사람은 그것을 너무나도 쉽게 하고 있는 것처럼 보였다.

이정훈 대표와 이야기를 몇 시간을 하고 보니 알 것 같다. 나의 문제점이 무엇인지를 말이다.

긍정, 긍정의 에너지, 사물을 바라보는 통찰력, 앞을 내다보는 시야의 범위가 틀렸다.

그럼 나는 이 모든 것을 배우기 위해 무엇부터 해야 하는가를 스스로에게 질문을 던졌고, 내가 선택한 첫 번째로 '행동하는 것을 포기하지 않는다.'를 시작으로 한발 내딛어 본다.

돌아오는 길에 나 자신과 다짐을 해본다.

괜찮은 사람이 되어 보자. 긍정하는 사람이 되어 보자.
그리고 포기하지 않는 사람이 되어 보자.

-작가 노트 中-

그렇게 나는 그날부터 행동하기 시작했다.

노트에 끄적인 글처럼 결코 쉬운 일이 아니란 것을 안다.

그래서 괜찮은 사람이 흔하게 보이지 않나 보다.

5

이상,
상상,
나는 무엇을 꿈꾸는가

1 · 1

마음을 그림으로 말하다

르네 마그리트

르네 마그리트는 1898년 벨기에 하이놀트 지방의 레신에서 삼형제의 장남으로 태어났다.

20세기 초현실주의의 대표적인 현대 화가 르네 마그리트는 꿈, 무의식, 광기, 욕망, 비현실적, 비이성적 주제를 데페이즈망의 기법을 통해 정확하고 사실적인 기법으로 묘사하고 있다. 데페이즈망은 서로의 연관성이 없는 것들의 만남으로 인해 기괴하고 묘한 감정을 불러일으키게 하는 효과가 있다.

현실을 뛰어넘는 초현실을 표현한 작가 마그리트는 꿈과 무의식에서 소재를 찾지 않고 현실 안에 숨겨진 세계를 밝히기 위해 일상의 사물들을 대상으로 삼았다.

어릴 적 마그리트는 집이 가난해서 자주 이사를 해야 할 만큼 형편이 어렵긴 했지만 그것 말고는 평범하게 살아가는 여느 집과 다르지 않았다. 14세의 소년이 이 사건을 겪기 전까지는 말이다. 아침 일어나보니 어머니는 보이지 않았고, 곧 어머니는 강물에서 익사체로 발견이 된다.

강물에서 건져진 어머니의 모습에는 하얀 천이 덮어져 있었고, 그 장면을 목격한 후 마그리트는 어머니의 자살로 인해 평생을 우울증과 트라우마에서 벗어나지 못한 채 살아가게 된다. 사건 이후에 주위 사람들로부터 '자살한 여인의 아들'이라는 시선과 불행한 아이라는 꼬리표가 따라다니게 되었다. 어제까지 평범하던 아이는 모든 사람이 동정하는 대상이 되어 버렸다.

어린 마그리트는 '평범하던 나는 사건 이후의 나와 다른 나인가.'라는 생각으로 혼란을 겪게 된다.

이후에 그의 삶에서 그 사선은 평생 죽음이라는 화두를 자신에게 던지며 살아가게 된다.

마그리트는 그림을 어떻게 그리는가보다는 무엇을 그릴 것인가에 대한 생각으로 철학적 사고에 의한 질문과 답을 찾고자 했다. 이런 의지와 상관없이 불행한 삶 안에 놓여진 자신을 바라보는 시선에 대한 반박이라도 하는 듯, 보이는 것이 다가 아니라는 메시지가 담긴 그림을 그리기 시작했다. 그 메시지를 전달하고 싶었던 마그리트는 화가로 불리기보다는 사고하는 철학자로 소개되는 것을 좋아했디.

어머니의 죽음에 대한 영향이 그림에서 자주 나타난다. 천으로 덮인 인물들의 모습, 셔츠로 얼굴이 덮여 있는 모습에서 어머니 시신의 이미지가 연상된다. 그리고 사과로 얼굴을 가리거나 무언가로 얼굴을 대체하는 그림도 많다.

고통 극복을 통해 현상에 대한 관심을 가지기 시작하면서 정신분석학자들은 이런 마그리트의 그림을 어린 마그리트의 상처로 인한 것이라 단정하지만 정작 마그리트는 이를 부정했다. 철저하게 사고하고 철저하게 논리적으로 그림을 그렸기 때문에 자신의 작품을 정신분석적으로 해석해서는 안 된다고 말이다.

하지만 우리의 무의식적 사고는 의식하지 못하는 공간에 존재하는 것이지 무의식에서 나타난 것이 가짜는 아니다. 논리적인 사고 이면에 존재하는 내 어린 마음이 나타난 것이라는 생각이 들었다.

이 그림 속 주인공들은

웃고 있을까,

울고 있을까?

무표정일까.

르네 마그리트, 〈The Lovers〉, 1928, 유화

얼굴을 가리고 있기 때문에 우리는 마그리트의 하얀 천속의 인물들이 어떤 표정을 하고 있는지 알 수 없다. 단지 상상해 볼 수는 있다.

어떤 얼굴이 떠오르는가.

나의 상상 속 그들은 하염없이 울고 있다. 각자의 다른 공간에서 상대를 떠올리며 서로를 그리워하고 있는 듯 말이다.

마그리트는 보이지 않는 것을 보이게 그렸던 화가였다. 그리고 보여야만 파악할 수 있는 근본적인 진실을 가려두었다. 보이는 현실과 숨겨진 현실, 진실과 숨겨진 진실을 우리는 분별하지 못하고 현실에 드러나 있는 것만이 진실로 보는 우리들을 비웃듯 말이다.

천으로 가리고 타인을 의식하지 않고 서로를 알아볼 수 있는 당신에게만 향하고 있는 이들의 애타는 사랑이란 도대체 무엇일까.

그가 어떤 생각으로 이 그림을 〈연인〉이라는 제목으로 그렸는지 진짜 속마음을 알 수는 없지만, 우리는 너무나도 쉽게 상대를 잘 안다고 생각한다. 그것이 진실이든 거짓이건 상관없이 우리 멋대로 생각하고 결론 내는 나쁜 버릇을 꼬집어 생각해 보라고 말하고 있는지도 모른다.

요즘 가수들이 복면을 쓰고 나와서 노래 경연을 하는 프로그램이 있다. 그 사람에 대한 이미지와 편견을 가리고 본질만 바라보자는 의도일 것이다. 마그리트가 천으로 외형을 덮어서 본질적인 사유를 원했던 것과 같은 비슷한 의도이다. 우리가 눈으로 보는 것이 정말 맞는 것일까 한 번쯤은 의심해 보아야 하지 않을까.

그림 속 그들이 장난스레 웃고 있었으면 좋겠다.

그건 그림 속 인물들의 상상은 우리의 자유이고 몫이다. 사람의 감정은 얼굴에 드러난다. 목소리와 표정에서 자신의 감정을 쉽게 드러내는 사람들도 많지만 자신의 감정을 숨기며 살아가는 사람들도 적지 않다. 그림처럼 말이다. 어쩌면 오늘도 당신은 직장에서, 혹은 밖에서 싫은 내색을 하지 않고 상냥하게 좋은 사람인 척하기 위해 감정을 소모하고 있었는지도 모른다.

1. 르네 마그리트, 〈중절모를 쓴 남〉, 1964, 유화
2. 르네 마그리트, 〈위대한 전쟁〉, 1964, 유화

르네 마그리트, 〈이것은 파이프가 아니다〉, 1929, 유화

그림 속 주인공처럼 감정을 드러내지 않기 위해 저 천이나 혹은 비둘기, 꽃으로 얼굴을 가리고 또 다른 얼굴로 세상을 살아가고 있다. 사물로 본질을 덮는다 해도 진짜 덮이는 것이 아니듯 우리가 웃고 있지만 정말 웃고 있는 것 또한 아닌 것과 같다.

마그리트는 이처럼 자신의 작품 속 자신만의 사상을 넣어 〈이것은 파이프가 아니다〉의 제목처럼 자신의 작품을 보고 관객들이 자신이 던진 의문에 대해 생각하도록 한다.

진짜 이것은 파이프가 아닐까?

2차원 평면에 유화로 그려진 이 그림은 파이프를 닮은 악기일지도 모른다. 제목으로 추측해 보면 보이는 대로 믿기도 어렵다. 이제는 생각 없이 의심 없이 있는 그대로를 믿기에도 살짝 조심스러워진다.

1 · 2

무의식

살바도르 달리

무의식 세계에 관심을 가지고 프로이드와 융의 심리학 영향 아래 초현실주의는 인간의 무의식 세계를 시각화시켜 표현된다.

완벽해지려 하는 순간, 포기하고 말 것이다. 완벽이란 완벽할
수 없음을 알게 되면 한탄할 수밖에 없다.
"완벽을 추구하지 마라. 절대로 달성할 수 없다."

– <기억의 고집> 살바도로 달리

자신의 삶은 예술의 일부라고 생각했던 이 남자. 자신을 예술의 일부라는 생각했기 때문에 자신의 수염을 갈고리 모양의 독특한 모습으로 유지하기 위해 늘 신경을 썼다.

살바도르 달리는 1904년 5월11일 스페인 북동쪽에 위치한 카탈루냐주 피게라스에서 공중인의 둘째 아들로 태어났다. 어릴 적부터 무척 괴팍하고 특이한 아이였다. 누군가를 다치게 하거나 상처를 줬을 때 보통 인간들이 그렇듯 지난 시간에 대한 반성하곤 하는데, 지난 회고록에서 밝히고 있듯 자신은 어릴 적 있었던 일들에 대한 죄책감이나 후회는 한 적이 없다고 말하고 있다.

유모와 가게에 갔다가 문이 닫혀 있다는 이유로 옷핀으로 유모의 얼굴을 긁어 버린다든지, 친구의 자전거를 뒤에서 밀어주는데 공사가 끝나지 않은 다리 밑으로 밀어 버리고는 그 일에 대해 무덤덤하게 사고 소식을 전하며 자신의 생각을 이야기하던 아이였다. 어릴 적부터 그림을 잘 그리는 아이였지만 순조롭게 학교생활을 지속하지는 못했다. 자존심이 무척 강했고 자신보다 나은 스승이 없다고 생각했기 때문에 학교에서 내주는 숙제에 대한 불만을 가지고 더이상 배울 것이 없다고 판단한 달리는 학교를 자퇴한다. 어릴 적부터 남다른 자신감은 르네상스 시대의 3대 화가를 평가한 표를 작성하여 기록을 남겨두기도 했다.

달리는 태어나면서 죽은 형의 이름을 물려받았는데 이 일이 성격 형성에 있어 지대한 영향을 받은 것으로 보고 있다.

부모의 방에는 죽은 형의 초상화가 걸려 있었고, 죽은 형과 똑같은 이름을 가진 달리는 정체성 혼란을 겪게 된다. 달리의 자서전 《살바도르 달리의 은밀한 삶》에서도 "나는 결코 죽은 형은 아니며 살아 있는 동생이라는 것을 항상 증명하고 싶었다."라고 회고하고 있다. 어릴 적 달리는 자기 안에 형이 살아 있다고 생각했다. 그래서 〈죽은 형의 초상〉이라는 그림을 그리고 형을 죽이는 의식을 치르기를 한다.

살바도르 달리(1904~1989)

살바도르 달리, 〈나의 죽은 형의 초상〉, 1963, 유화

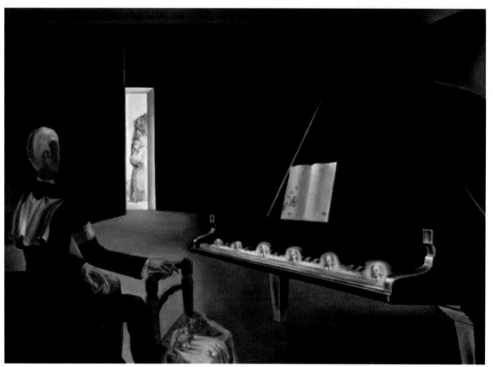

살바도르 달리, 〈부분적인 환각〉, 1931, 유화

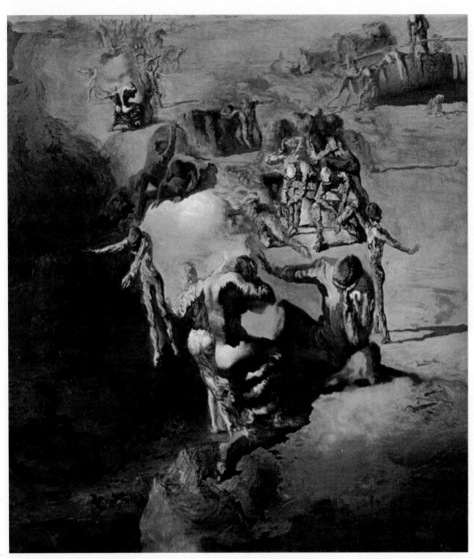

살바도르 달리, 〈위대한 편집광〉, 1936, 유화

그는 히스테리 공포증이나 강박관념에 사로잡힌 환자처럼 행동했고, 자신의 히스테리 편집광적인 것들을 소재로 하여 작품으로 승화시키고 일상에서 생각하는 공포, 폭력, 잔인성을 무의식에서 잠재되어 있는 것들을 해소하기 위해 다양한 분야를 통해 자신의 생각을 표현한다. 그 자신감 때문이었을까? 자신의 성공을 스스로가 확신했기 때문에 생각한 대로 흘러간다는 말을 증명이라도 하듯이 다양한 방면에 활동을 하면서 성공적인 길을 계속해서 걸었다. 영화와 집필, 일러스트 삽화 제작, 조각, 보석 디자인, 오페라 작품을 무대장식, 의상 디자인, 가구제작 등 그의 재능이 닿지 않은 곳이 없을 정도이다.

말년에 달리는 고향에 미술관을 설립하게 되고 78세에 스페인 왕으로부터 작위를 받기도 한다.

살바도르 달리의 그림이 이토록 끌리는 이유는 의식에 제한이 없어서 일 것이다. 나의 의식 안에 설명하지 못했던 무의식들이 뒤엉켜 있을 때 달리의 그림을 보고 섬뜩함을 느꼈다. 내 안에서 누르던 괴물들이 그림 속에 있는 것이 아닌가. 그는 무의식에 있는 생각들을 형상으로 보여 주고 있었다. 어릴 적 자다 깨면 말로 설명할 수 없는 불안함과 무서운 기분이 들 때가 있었다. 곧 뭔가가 나타날 것 같은 괴기스러운 기분이 들 때가 있었는데 이건 정말 막연한 두려움이었다. 그런 나의 두려움이 달리 그림을 통해 무의식 속 두려움과 마주하고 있는 느낌이 들었다. 다행히도 두려움도 보고 나니 두려움이 작아지기 시작한다.

달리의 설명에 의하면 "이 얼굴의 용모는 위대한 편집광들인 암

푸르단 사람들로 형성되었으며, 호세 마리아 세르트와 아르침 볼도에 관하여 대화한 후에 그려졌다."

이 그림은 이중 형상을 이용하여 위대한 편집광적인 것을 작품으로 제작을 하였는데 사람 얼굴 형상이 보이고 그것을 들여다보면 각각의 사람들이 보인다. 나의 상상 속 불안하게 만들었던 엉겨 있는 정체 모를 물체로 인해 두려움을 떨어야 했던 그날이 떠오른다.

내 마음의 온도

우리의 인생에서 분홍빛은 언제였을까?

만약 과거에 없었다면 앞으로는 언제가 분홍빛일까?

어쩌면 우리가 어떤 이야기를 시작할 때 늘 회자되는 그 시간, 그때가 분홍 시대가 아닐까?

그러고 보니 내 인생의 분홍빛은 새로운 곳에서 새로운 것을 배우고 도전하던 때였던 것 같다. 십여 년이 지난 그때를 떠올려 보면 지금으로부터 멀지 않은 어제와 같이 느껴진다. 생각하면 즐겁고 기분이 좋아지는 것을 보면 확실히 내 인생의 분홍빛 시대가 맞긴 한가 보다. 그때의 내 마음의 온도와 지금의 내 마음의 온도는 몇 도쯤 될까? 내 20대 때는 그야말로 100만 도쯤 되지 않았던가.

그래서 나는 무엇을 이루었나.

그래서 나는 지금 무엇을 꿈꾸나.

그래서 나는 지금 무엇을 바라고 있나.

그래서 나는 지금 어떻게 하길 바라나.

나는 추위를 엄청 심하게 탄다. 유별나다 할 정도로 내 신체가 느끼는 계절은 여름과 겨울, 덥거나 춥거나 중간은 없다.

그런데 추위를 느끼는 건 날씨의 영향도 있겠지만 몸에 걸친 의상의 색에 따라 느끼는 온도가 다르다. 사람들은 무의식적으로 비오는 날 어두운색의 옷을 많이 입는다. 날씨와 의상이 동일해지다 보면 더 차분해지기도 하고 더 분위기라 가라앉기 때문에 난 추운 날씨나 흐린 날 따뜻한 색의 옷을 입는다.

오늘 아침 일어나 보니 비가 내렸다. 평소 기온보다 아주 낮다해서 어떤 옷을 입을까 잠시 고민하다 며칠진 사놓았던 마젠다색 트렌치코트를 입고 나섰다.

학창 시절 선배 한 분이 했던 말이 떠오른다. '나'라는 아이는 비오는 날만 되면 밝게 유쾌해 보이는 컬러를 입고 나타난다고 말이다. 그 전까지는 생각해 본적 없던 것들이었는데, 그리고 보니 비오는 날만 되면 색이 화려해졌던 것도 같다. 그랬다. 나는 비오는 날을 무척 좋아했고 차갑게 내리는 비와 따뜻한 봄을 닮은 컬러의 만남을 좋아했다.

우리는 태어나는 순간부터 각자에게 주어진 큰 캔버스에 그림을 그리고 있다. 그리고 어느 한 부분을 시작으로 점을 찍고, 선으로 형을 그리기도 하고 물감을 부어 버리는 자신만의 그림을 그리고 있다. 내가 가진 색으로 가족, 친구, 만나는 인연들과 협동으로 하얀 캔버스 위를 창작하고 있는 것이다. 지금부터는 내가 가진 컬러들을 가지고 본능적으로 끌림에 의한 것들을 솔직하게 표현해 보고 싶다.

그렇다면 지금부터 무엇을 해야 하나.

과거 현재 미래에 대해 상상해 본다.

그게 의식이든 무의식이든 뭐든 좋다. 형상화되지 못했던 내 무의식 속 이야기들은 이제부터 캔버스에 그려 보겠다는 마음먹어본 이것이 시작이라 보면 된다.

봄날을 떠올리면 푸릇푸릇 올라오는 연둣빛과 벚꽃의 분홍이 떠오른다.

자신의 인생에 분홍빛은 지금부터, 어떤가?

보이는 것이 다가 아니다

셀레 그린

　1850년대 영국에서 집에서 식사를 하던 중 남자가 쓰러져 사망한다. 비슷한 시기에 무도회장에서 한 여인이 쓰러진다. 방에서 조용히 그림을 그리던 아이가 죽는다. 이들의 공통점은 복통, 두통을 호소하다 사망한 사건이라는 점이다. 사람들 사이에 순식간에 이 공포가 확산되었고 바이러스에 의한 전염병으로 추측해 보지만 그러기에는 너무 많은 사람이 그 자리에 함께 있었고 나머지 사람들은 괜찮았다는 점에서 전염에 의한 것은 아니었다. 이후 죽은 사람들 몸에는 독소가 발견되었고 사인은 '셀레그린'이라는 색소에 들어 있는 비소에 의한 중독으로 사망한 것으로 밝혀진다.

　스웨덴의 화학자 셀레가 발견한 색소로 자신의 이름을 따서 셀레 그린이라 불렀는데, 이 색소가 왜 사람들을 죽음으로 내몰았던 것일까. 셀레그린의 색은 많은 사람이 좋아하는 자연을 닮은 초록색이었다.

하지만 셀레그린에는 사람에게 치명적인 비소가 들어 있었다. 그 사실을 알고 있던 화학자 셀레는 잠시 망설이기도 했지만 많은 양이 사용되리라 예상하지 못하고 시중에 유통시키고 만다.

자연을 닮은 초록색에 사람들은 열광하게 되고 인간들의 이기심으로 이 색소가 들어간 벽지, 옷감, 아이들이 사용하는 크레파스까지 대량으로 생산되었다. 비소가 들어간 일상품들이 무분별하게 상업적으로 이용되면서 이후 물건들을 사용한 사람들은 비소라는 독소 중독으로 사망하는 일이 벌어지게 된 것이다. 자연의 천연 재료로 염색을 하게 되면 오래지 않아 색이 바래고 세탁을 하게 되면 색이 쉽게 빠지기 때문에 자연이 가진 초록빛을 계속해서 지속시키기 어렵다. 그래서 사람들은 자연의 색이 지속되는 그 무엇인가가 필요했고 때마침 화학자 셀레가 우연히 발견된 초록색 색소가 인간의 욕망과 이기심으로 가짜가 진짜처럼 나타나게 된 것이었다.

누가 나폴레옹을 죽였는가!

두 번째로 의문이 풀리지 않는 미스터리 중 하나로 누가 나폴레옹1821년 사망을 죽였는가에 대한 것이다.

프랑스의 위대한 통치자로 군림했던 나폴레옹은 갑작스럽게 죽었고, 그의 죽음에 대한 논란이 끊이지 않았다.

병에 의한 사망, 독극물에 의한 타살, 의료사고와 같은 난무한 추측이 이어졌는데, 1961년 나폴레옹 죽음에 대한 새로운 주장이 제기 되었다.

이후 나폴레옹의 유품인 머리카락을 가지고 검사를 하게 되었는데, 나폴레옹의 머리카락에서 정상인의 100배가 넘는 비소가 검출되었다는 것이다. 비소 중독에 의한 사망으로 누군가에 의해 독살되었다는 주장이었다.

누가 나폴레옹을 죽였을까?

나폴레옹은 평소 초록을 무척이나 좋아했다. 워털루 전투의 패배로 인해 유배지로 떠나게 되었고, 그의 유배지에서 묵었던 방의 벽지는 그가 좋아하는 초록으로 꾸며져 있었다. 그것도 당시 유행했던 셸레그린 성분이 칠해진 벽지였을 것으로 추측해 보는데, 과연 나폴레옹은 이 색소로 인해 죽었을까?

앞 장에서 다뤘던 휘슬러는 하얀색을 좋아했다. 물감의 주성분은 납으로써 황과 반응하면 검은색의 황화납이 된다. 연백의 납 성분은 매우 강한 독성이었다. 그렇게 서서히 그는 납중독이 되어 죽어간 것이다. 순결의 색은 휘슬러의 목숨을 빼앗아간 것일까? 그리고 나폴레옹은 자연을 닮은 초록으로 인해 서서히 죽어간 것일까?

보이는 것이 다가 아니다

눈에 보이는 그대로를 믿을 것인가, 이면에 숨겨진 것들을 의심할것인가?

자연의 색을 닮은 것일 뿐 자연이 아닌 것이다.

닮은 것은 진짜가 아니다. 우리는 보이는 것을 믿고 보이지 않는 것에 대한 경계나 의심을 하지 못한다. 그리고 믿고 싶은 대로 믿고, 보고 싶은 대로 보기 때문에 세상이 바로 보이지 않는 것은 아닌지 의심해 보아야 한다. 아는 만큼 보인다. 속지 말아야 한다. 보는 것이 다가 아님을 기억해야 한다.

자연은 초록이다. 그렇다고 초록은 자연이 아니듯 말이다. 감정의 안식 편안함, 자연, 순수한 에너지를 허락하는 색으로 조용하고 평온하게 보이는 초록색의 배후에는 확고한 신념이 들어 있다. 우리가 중용을 느끼는 초록색은 노랑과 파랑 색을 혼합한 색이다. 이면에는 노랑과 파랑 색이 있음을 알아야 한다.

다비드

나폴레옹 대관식

　우리가 보고 있는 것이 진짜일까 하는 것에 대한 의구심이 드는 그림 하나를 소개하고자 한다.

　다비드의 나폴레옹 대관식 그림이다.

　나폴레옹은 장엄하고 화려한 대관식에 아낌없는 비용을 사용한다. 대관식 장소로 노트르담 성당을 선정하였고 나폴레옹은 교황으로부터 군림하지 않기 위해 왕관을 받는 것을 주저했기 때문에 스스로 머리에 얹는 절정의 순간을 누리기도 했다.

　그림에서 나폴레옹은 교황에게 왕관을 받는다는 점과 선서를 통해 교황권에 의존해야 한다는 사실을 꺼렸다. 그리고 그림 속에서는 실제보다 나폴레옹의 키가 더 크게 그려져 영웅적이고 권위적으로 보이기 위해 부인에게 두 번째 왕관을 씌워 주는 모습을 그리도록 하였다.

　물론 실제로는 이런 일은 없었다. 이러한 엄숙함보다는 권력에 군림하고 싶지 않은 나폴레옹의 마음이 숨겨져 있는 그림이라 보면 된다.

이러한 장면을 자크 루이 다비드에게 대관식을 미화하여 그리게 하여 그림 속에서는 엄숙함과 성스러움으로 포장되어 대관식은 굉장한 선전 효과를 거두었다.

이 그림을 그린 화가 다비드는 어떤 인물이었을까?

프랑스 왕실의 궁중 화가였고 프랑스 혁명이 일어나자 혁명 정부의 공식 화가가 되었으며, 이후 다시 변모하여 나폴레옹 황제의 제일 화가가 된 인물이다.

이후 나폴레옹이 몰락한 후 벨기에로 망명하여 조국으로 돌아오지 못하고 타국에서 생을 마감하게 된다.

다비드는 눈에 보이는 것을 그대로 믿는 인간들의 우둔함을 이용하여 그림 속에 숨겨진 역사의 비밀을 바로 보지 못하게 하였고, 미화하고 사실을 왜곡함으로 사실화시키려 하였다.

18세기 프랑스 화단을 이끈 신고전주의의 대가였던 자크 루이 다비드는 9세 때 아버지가 돌아가시면서 부유했던 외가 쪽에서 엘리트 교육을 받으며 자랐고, 이후 화가로서 출세를 보장받는 로마대상 수상으로 로마 유학을 하게 된다. 로마에서 그리스 로마의 미술 이상미를 공부하며 이탈리아 화가 작품들을 통해 빛이나 구도 색상의 영향을 받았다. 이를 바탕으로 신고전주의 양식으로 발전시킬 수 있었는데 이후 프랑스로 돌아와 화단에서 큰 명성을 떨치게 된다.

자신의 예술적 재능을 이용해서 정치 선전을 적극 활용하였고 실제로도 정치 선전 기획가이기도 했다. 당대 사건의 기록화라 보기

자크루이 다비드, 〈나폴레옹 1세의 대관식〉, 1807, 유화

에는 무리가 있다. 그 이유는 정치 선전의 색을 띠고 있으며 그림을 통해 예언가와 같은 우대를 받기도 한다. 말이나 글보다는 상징과 시각적 효과를 알고 있었기 때문에 자신의 작품 속에 정치 사상을 표현함으로써 혁명 세력의 정치 선동으로 이어질 수 있었다. 그의 그림을 통해 자신의 예술적 재능을 선보일 수 있었던 수단이기도 했다.

하지만 우리는 여기에서 얻을 수 있는 교훈이 있다. 그림에 대한 이면에 숨겨진 날카로움에 베이지 않기 위해서는 보이는 대로 결단코 믿어서는 안 된다는 것이다. 자연을 닮은 색이라 해도 자연이 아닌 것처럼 말이다.

나를 달리 보이게 하는 것들은
진짜일 수도 있고
속임수일 수도 있다

봄비인가 봅니다.

창밖 풍경을 잠시 보고 있습니다.

아침 햇살 대신해서 푸름에 어둠이 내려앉아 있습니다.

창을 통해 보이는 저기 저 색들은 내가 보는 진짜의 색이 맞을까!

투명한 머그잔에 티백을 묶고 자리에 앉아 색이 번지는 것을 지켜보고
있습니다.

유난히도 밝은 빛에 색이 참 곱구나…….

책상 위에 깔아둔 색지에 비춰 보니 더 맑은 색을 보입니다.

다른 곳으로 옮겨 보고서는 한참을 들여다보았습니다.

내가 어디에 두느냐에 따라 달라 보이는 것들,

나를 달리 보이게 하는 것들,

내가 어디에 있느냐 누구와 함께 하느냐에 따라 달라지는 것들,

진짜일 수도 있고 속임수일 수도 있습니다.

보이는 것이 다가 아니었다…….

-작가 노트 中

길이 멀어야 말의 힘을 알 수 있고, 시간은 흘러야 사람의
마음을 알 수 있다

- 공자

사람들을 만날 때 첫인상이 중요하다. 저 사람에 대해 알고 싶어 지기도 하지만 첫인상으로 사람에 대한 편견이 생겨 버리기도 한다.

새로운 사람도 그러하거니와 매일 보던 사람도 가끔은 내가 알던 사람이 맞는가 할 때가 있다. 그리고 늘 만나면 좋은 사람이 있다. 만나면 마음이 따뜻해지는 사람이 있다. 만나면 만날수록 좋은 사람은 또 계속 만나고 싶은 사람이다.

과연 어느 것이 진짜일까.

3 · 1

꿈

우리는 두 가지 꿈을 꾸며 살아간다.

잠자는 동안 꾸는 꿈과 낮 동안 열심히 활동하며 꾸는 꿈이다.

누구에게나 꿈은 있지만 적당한 때, 적당히 안주하는 삶을 살기를 원하면서도 우리는 늘 탈출구를 찾고자 열망한다. 그리고 자신이 처한 상황과 심리적인 요소들이 복합적으로 꿈으로 이야기하는 경우, 우리는 이것을 흔히 예지몽이라고 이야기한다.

안평대군의 꿈 이야기를 듣고 단 3일 만에 그려낸 너무나도 유명한 〈몽유도원도〉.

세종대왕의 총애를 받으며 일찍부터 학문과 예술에 매진한 안평대군은 시문에 뛰어났으며 글과 그림, 음악에도 탁월한 능력이 있었다.

당대 풍류객으로 유명했던 안평대군은 안견을 무척이나 아꼈는데, 안견에 대한 기록이 거의 없기 때문에 생애에 자세히 알 길은 없지만 윤후의 《백호전서》에 기록된 일화가 하나 있다.

당시 단종이 어린 나이에 보위에 오르자 수양대군의 야망은 대단

했다. 수양대군이 왕이 되면 안평대군은 죽을 것이고 안평대군의
총애를 받고 있는 안견 자신 또한 목숨을 부지하기 어려울 것으로
판단되어 안평대군을 벗어나고자 했다. 하지만 안견을 항상 곁에
두고 있고자 했기 때문에 벗어나는 것 또한 쉽지 않았다.

권력 관계로 맺어진 인연이라 목숨을 부지하기 위해 이러지도 저
러지도 못하던 안견의 마음이란……

어떻게든 벗어나고자 했던 안견을 보고 충심忠心이 없다고 생각
할 수 있을지 모르지만 목숨을 두고 우리라면 과연 어떠한 선택을
할 수 있었을까?

어느 날 안평대군이 귀한 용매먹을 구하여 안견에게 그림을 그리
게 하였는데 안평대군이 자리를 비운 사이 용매먹이 없어지는 일
이 생긴다. 노비들을 심문해 보았지만 먹이 나올 리 없다. 이유인
즉슨 '안견'이 숨긴 것이었으니까.

자리에서 일어나자 옷소매에서 용매먹과 동시에 신뢰도 툭 떨어
진다. 생각만 해도 아찔한 순간이다. 여기에서 안견의 기질이 발휘
되었다고 할 수 있는데, 화가 난 안평대군은 안견을 크게 꾸짖고 다
시는 자신의 집에 발 들일 수 없도록 하였다. 집에 돌아간 이후 안
견은 집 밖으로 나오지 않고 숨어 지냈다.

이후에 계유정란이 일어나자 안평대군은 역적으로 사약으로 받
았고 그의 집에 드나들던 사람들도 모두 죽었다. 다행히 안견은 죽
음을 면할 수 있었고 그 후손들도 그 명성을 유지할 수 있었다고 한
다.

〈몽유도원도〉를 그렸을 당시 성삼문, 박팽년, 정인지, 서거정 등 앞 다퉈 그림 상단에 이름 석 자를 올렸다. 세월의 반전은 권세를 잡은 수양대군이 왕위에 오르자 〈몽유도원도〉에 오른 이름을 줄줄이 처단된다. 예술은 길고 우정은 짧다고 했던가. 이 당시 안견의 소원은 안평대군의 눈밖에 벗어나는 것이었을 것이다. 당신의 안위와 가족을 지켜야 했던 그에게 꿈이란, 신의를 지키는 것도 충성을 다해 임금 곁을 지키는 명예와 권력이 아니었다.

3 · 2

몽유도원도

안견

그림을 크게 네 부분으로 나누어 볼 수 있는데 쉽게 말해서 왼쪽 부분은 현실 세계, 오른쪽 방향으로 이상 세계라고 할 수 있다.

화면은 왼쪽에서 오른쪽으로 진행되면서 동시에 시선을 서서히 위쪽으로 보면 도원이 보인다.

이것은 현대인들이 바라보는 방식인데, 옛사람들은 몽유도원도처럼 권화_{그림과 찬, 발문을 옆에 붙여 두루마리로 길게 만든 것}일 경우에는 오른쪽에서 왼쪽으로 본다. 두루마리를 펼치면 제일 먼저 신비한 이상 세계인 도원의 경관이 보인다.

도원은 옆 바위 절벽을 지나 현실 세계로 돌아오게 되는 구도를 취하고 있다. 안견은 안평대군이 도원을 찾아가는 것이 아니라 도원에서 노닐다가 현실로 돌아오는 그림을 그린 듯하다.

도원에는 복숭아 나무가 분홍색으로 표현되어 있고, 지금은 금박이 떨어져 나갔지만 꽃술을 금으로 표현하여 세심하고 화려한 표현이었다. 오른쪽 상단에 집 두 채가 보이지만 사람이나 가축은 보이지 않고 아래 시냇가에 빈 배만이 덩그러니 있는, 인적조차 없는

그곳을 안견은 신선들이 사는 곳과 같다고 했다. 안평대군이 처한 상황으로 인한 심리적 압박감으로 인해 꿈속에서나마 세속을 벗어나 살고 싶었던 바람이 꿈으로 나타난 것이 아니었을까.

학문과 예술을 사랑하는 사람으로 부귀와 권력을 다투는 인간들의 모습에 혐오와 염증을 느꼈을 것이다. 도원과 같은 이상 세계를 꿈꾸는 마음은 시공간을 초월하여 우리의 바람과 닮았다.

3 · 3

나를 믿어 주는 사람

내가 서 있는 이 자리가 오늘은 도원이 될 수도 있고 지옥이 될 수 있다. 〈몽유도원도〉는 결국 내 마음 안에 있다.

우리는 가끔 신뢰를 깨트리는 사소한 일들로 인해 오랜 친구들의 연이 끊어지는 경우를 종종 본다. 함께한 세월만큼 깊어질 수도 있겠지만 서로를 쉽게 생각하다 보면 한순간에 남보다 더 아무것도 아닌 사이가 되기도 한다.

《사기》에 관포지교라는 사자성어가 나온다. 관중과 포숙아의 우정에서 비롯된 말이다. 관중에게 포숙아라는 친구가 있었다. 그가 가난하다는 것을 알았기 때문에 관중이 이익을 더 가져가도 포숙아는 탐욕스럽다 하지 않았다. 일을 하다 보면 꼬일 때도 잘 될 때도 있다는 것을 알고 있었기 때문에 관중이 하는 일이 더 어렵게 꼬일 때에도 무능하다 하지 않았다.

사람은 자신을 알아주고 믿어 주는 한 사람만 있어도 좌절하지 않는다 했는데 이런 친구를 둔 관중은 세상에 가장 큰 것을 가진 사람이었다.

우리 곁에 이러한 사람이 있다면 정말 행복한 사람이겠지.

친구의 인연이든
부부의 인연이든
부모의 인연이든

내가 그들을 지지하고 믿어주는 포숙아와 같은 사람이 되어준다
면 어떨까.

주는 것을 아까워하지 말아야한다. 배가 되어 돌아오게 되어 있
다. 하지만 돌아올 것을 생각하고 베풀지 않아야 한다.

누군가로부터 금전적이든 정신적으로 도움을 받는다는 건 그것
으로 끝난 것이 아니라 어떤 형태로든 내가 반드시 갚아야 할 것이
라는 것을 안다면 배가 되어 돌아오는 것은 당연한 원리이다. 베품
이 즐거워질 것이다.

삶은 이렇게 순환하는 것이다. 서로를 믿고 도우며 살아가는 순
환하는 삶 안에서 우리는 행복이라는 것을 느끼게 된다.

3 · 4

무엇을 위해
살아야 하는가

드르륵득 클클클클.

누군가 원두를 갈고 있다.

맛있는 커피를 마시기 위해 로스팅은 한 지 얼마 되지 않은 것으로 구매를 하고, 드립하기 위해 원두를 갈고 물을 데우고 거름망 종이를 대고 드립하기 딱 맞게 갈린 원두는 거름망 위에 쌓인다.

마음에 드는 머그잔에 맛있는 커피를 만나기 위해 커피를 소량의 더운물로 커피 가루 전체를 적시고 20~30초 정도 뜸들이고 다시 물을 부어 내린다.

짧은 시간에 많은 공정이 필요한 아메리카노 한 잔 마시기전까지의 이야기이다. 과정을 건너뛰고 커피점에 가서 돈을 지급하고 마시는 아메리카노 또한 바리스타의 커피 내리는 과정 없이는 우리가 원하는 깊고 맛있는 커피를 만나기 어렵다.

우리의 교우 관계, 업무 관계, 애정 관계 또한 그렇다. 사랑도 이루고 우정도 쌓기 위해서는 많은 공정이 필요한 필수 코스가 필요하다.

코끝으로 커피 향을 깊게 맡으며 깊게 마셔 본다. 지금, 이 순간을 즐기기 위해서 매일 지금 이 순간들이 모여야 한다. 그것이 과정이다.

하루하루를 즐겁게만 살겠다는 생각은 정말 큰 욕심인 것이 맞다.

소소한 일상들을 보기 위해 마음먹고 하늘을 올려다본다.

아침 출근길, 푸른 하늘 위로 하얀 구름이 흩어져 있다.

공기의 흐름대로 자연스럽게도 흩어져 있었다.

'어쩌면 하늘의 구름마저 바람에 몸을 맡기며 흘러가는구나!

내 마음을 억지스레 틀 안에 넣으려고 애를 쓰던 어느 날, 밖으로 툭 내뱉는다.

"인생 참……."

커피와 달달한 조각 케이크를 먹으며 "그래 인생은 꿀맛이야."라며 즐겁다고 말한다.

어느 동화책에 이런 이야기가 있다.

개미들은 열심히 해바라기 위로 올라간다. 동료를 밀치고 오직 해바라기꽃이 닿는 끝까지 올라간다. 힘들어서 죽을 것 같다. 그런데 모두들 너무나 열심히 올라가기에 나도 그냥 열심히 올라가 본다.

그런데 막상 도착해 보니…… 아무것도 없다.

뜨거운 태양과 넓은 하늘.

무엇을 위해 동료를 해치고 밀쳐가며 올라왔을까. 그제야 나는 생각하게 된다.

목표 없이 떠난 긴 여정에서 잃어버린 것들을.

'저 길 끝으로 사람들이 많이 가고 있잖아.'

'일단 따라가 보면 뭐래도 있을 거야.'

뭐가 있을 수 있을까.

남들의 목표가 있겠지.

내가 가고 있던 방향이 아니었음에도 불구하고 남들이 가니 그냥 일단 따라가 본다.

과정에서 일어나는 모든 것들을 놓치며 따라가고 있있다.

지금, 되돌아보아야 할 때이다.

나는 이 동화 속 이야기를 교훈 삼아 지금 내가 가고자 하는 길이 해바라기꽃 끝이 아니라면 기꺼이 포기하겠다. 만약 내가 꽃 끝에 서서 하늘과 땅을 내려다보는 것이 목표라면 올라가는 동안 공기도 느껴보고 계절이 바뀜에 따라 달라지는 변화도 느끼며 힘들어하는 친구의 손도 잡아주며 가겠다.

내가 목표에 도달할 수 없을지라도 목표까지 향하는 동안 일어나는 순간들을 놓치지 않겠다고 다짐해 본다.

툴루즈 로트렉

예술과 삶이 일치했던 화가, 툴루즈 로트렉.

'예술가의 삶은 특별하다.'

'예술가의 삶은 불행하다.'

'역시, 예술가는 평범하지 않다.'

이러한 고정관념에 충족되는 삶을 살았다.

그리고 새로운 시도만을 남기고 37세의 나이에 요절한다.

뼈 조직상의 병을 앓고 있었다.

1878년 의자에서 일어나다가 미끄러져 왼쪽 대퇴부가 골절되었고, 이듬해 산책 중에 구덩이에 빠져서 오른쪽 대퇴부가 골절되는 사건으로 두 다리의 성장이 멈추어 버리는 절망적인 사고를 겪는다. 사실 이 사고가 불구의 원인으로 알려져 왔지만 근친혼에 의한 선천적인 병의 결과였다. 왕족의 혈통으로 사촌지간의 결혼으로 인한 신체적 결함을 가지고 태어난 것이다.

로트렉은 허약한 체질과 골절되는 사건을 통해 비정상적인 체형으로 가문으로부터 버림받은 귀족 자제가 되었다. 로트렉의 아버지는 매사냥과 승마로 소일하던 활기찬 사람이었는데 집안의 혈통을 물려받지 못하는 아들에게서 멀어져 갔고 집을 떠나 있는 시간이 많아졌다. 하지만 어머니의 사랑이 지극했기 때문에 평생 그의 삶을 지탱하게 한 버팀목 역할을 하였다.

로트렉은 자유롭게 말을 타고 사냥을 하는 것이 어려워지자 앉아 있는 시간이 많아지게 되었다. 그로 인해 유년기부터 역동적인 생명력이 있는 대상에 관심이 많았고 그의 습작에도 뛰어난 관찰 감각이 돋보이는 데생이 그려졌다. 현실을 냉정하게 관찰하고 꾸밈없이 표현하는 것은 자신이 가장 자신 있는 표현 방법이었을 것이다.

창부들을 소재로 그릴 때 추하다거나 혹은 미화시키거나 이상화시키지 않았다. 그리고 동정하거나 연민에 의한 안타까움을 자아내지도 않는다. 인간이라는 존재를 사랑하고 긍정했기 때문에 어떠한 추함이나 비극까지도 있는 그대로 나타낼 수 있었다.

자신의 신체적인 불우함이 표현됐을지도 모를 일이다. 하지만 적대적인 감정 없이, 편견 없이 대상을 관찰하였기 때문에 그림에서 현실의 생명력을 느낄 수가 있다.

로트렉이 활동하던 19세기 말에서 20세기 초는 미술사에서 변동이 가장 심했던 시기로 자고 일어나면 새로운 사조가 생겨날 정도로 미술 사조가 범람하던 시대였다.

로트렉의 그림을 어느 미술 사조로 구분하기는 모호하다. 여러 유파의 영향을 받으면서도 그 이론에 무관심하게 자신만의 스타일로 작품 활동을 하였는데, 특정 미술 사조에 속하지 않음에도 불구하고 후대에 미친 영향력은 크다. 예술이라는 장르를 핑계 삼아 어떤 식으로든 미화되거나 이상화시키지 않으려 했던 로트렉의 의도가 우리의 공감을 이끌어냈기 때문일 것이다.

로트렉은 살고 있던 세상을 가감 없이 표현한 '기록자'다.

귀족의 재력가로서 몽마르트의 환락을 즐기면서도 자신이 가진 장애로 인해 세상을 올려다보아야만 했던 로트렉은 일찍이 인간의 이중성과 그 이면의 모습을 잘 알고 있었다. 비관하기보다는 있는 그대로의 삶으로 받아들였다.

편견 없는 시선

그의 작품에는 편견이 없다.

그리고 그의 작품은 슬프지 않다.

석판화 작품집 《그 여자들》을 내기 위해 물랭가에서 하숙을 한다. 상업 미술과 순수 미술의 경계를 의식하지 않고 방탕하고 자유로운 생활 속에서 살면서 그것을 소재 삼아 창부들의 생활을 고스란히 담아 제작하였다.

에로티시즘의 어떠한 꾸밈도 없다. 성적 본능에는 상류층과 하류층, 계층에 대한 다름이 없음을 말한다. 당시 비평가들은 로트렉의 그림을 변태와 패륜의 사악한 취미라고 비아냥거리기도 했지만 그는 개의치 않았다.

그의 작품에는 강렬한 색채, 강한 선, 데포르마시옹^{변형, 왜곡}이 나타난다.

인물에는 예측할 수 없는 순간이 있기 때문에 로트렉은 일상을 날카롭게 관찰하고 자연보다는 사람이나 움직임이 있는 대상에 관심이 많았다. 로트렉은 풍경화를 좋아하지 않았다. 1897년 '도우

툴루즈 로트렉, 〈물랭루즈에서 굴뤼〉, 1891, 석판화

비스무'에게 보낸 편지 속에 이렇게 쓰고 있다.

"나무는 마치 시금치와 같이 보였다."라고.

국외의 전람회에 출품하면서 여행을 많이 다닐 때에도 외국의 자연경관보다는 그곳의 화가나 주위 인물들에 대한 관심을 가졌고, 그 사람에 대한 본질을 파악할 때까지 수차례 반복하며 표현에 열중하곤 했다.

로트렉의 말년1899년에는 알코올중독에 의한 정신착란 증세를 보여 식구들은 치료하기 위해 정신병원에 입원시키다. 감금생활에 임청난 충격을 받은 로트렉은 평정을 되찾았다는 것을 입증하기

툴루즈 로트렉, 〈물랭루즈에서〉, 1892~1895, 유화

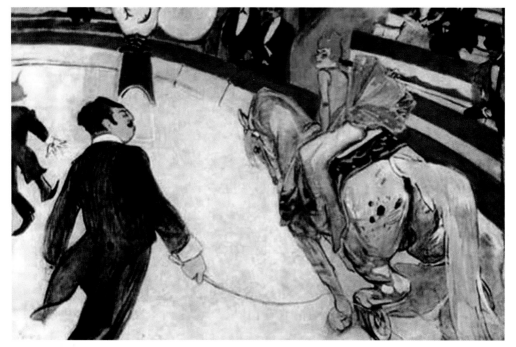

툴루즈 로트렉, 〈페르난도의 서커스의 곡마사〉, 1887~1888, 유화

위해 작업을 통해 견재하다는 것을 보여줌으로써 비로소 자유로워
질 수 있었다. 병원 입원 당시 제작한 〈페르난도 서커스의 곡마사〉
는 서커스를 주제로 한 그림이다.

　서커스 단원들의 정확한 묘사와는 대조적으로 관객석에는 배경
밖으로 잘려나가기도 하다. 이것은 서커스단 공연이 관객들에게
주는 즐거움으로서가 아니라 그 자체로서 존재 의의를 갖고 있다
는 의미이다.

　그가 그림을 통해 이야기하고 싶었던 것은 무엇이었을까. 세기말
적인 향락과 퇴폐로 가득 찬 시대를 살고 있었지만, 그가 본 세상은
좋고 나쁨과 무겁고 가벼움이 따로 없었다. 비관적이거나 긍정적

이거나 있는 그대로의 현재를 보고 그만의 이야기를 한 툴루즈 로트렉.

현재 내가 가진 풍요로움을 버리고, 스스로의 힘으로 풍요로운 사람이 되고자 하는 것, 자신을 있는 그대로 인정하지 않고 부족함을 채우기 위해 우리는 늘 가진 것을 보지 못하곤 한다.

로트렉은 인간이 가지는 계급과 명예라는 갑옷 안에 나약하고 소심한 자신을 숨겨 놓았는지도 모른다. 그래서 소외된 그들에게서 동병상련의 아픔을 느꼈을 수도 있다. 하지만 그는 울지 않았다. 그리고 포기하지도 않았다. 남담하게 예술과 삶을 일치시키고는 그림만을 남기고 떠났다.

누군가는 이 삶을 불행한 삶이라고 말할까?

우리는 화려함 속에 숨겨둔 자신의 못생긴 이면을 들여다보기를 두려워한다. 그래서 더욱 화려하게 꾸미고 때로는 거짓을 말한다.

나는 그를 불행한 사나이로 기억하지 않겠다. 사교적이고 도회적인 성향을 가진, 위트와 쾌활함을 지닌 '작은 신사' 툴루즈 로트렉!

그를 통해 나의 못생긴 이면을 들여다보며 있는 그대로 받아들이기 위해 애써보기로 했다.

지금 내 눈앞에 보이는 움직임, 자연스러움, 이 모든 것을 현재 내가 보고 느끼고 만질 수 있는 것에 감사한다.

4 · 3

남들이 가지지 않은 것,
특별한 것은 내 안에 있다

1. 남들이 가지지 않은 것, 특별한 것은 내 안에 있다.

   기쁨, 즐거움

   괴로움을 잊는다.

   알 수 있을 것도 같고

   찾을 수 있을 것도 같고

   기억에 있었던 것 같기도 하고

   본 적이 없는 낯선 것 같기도 하고

   오늘 따라 난 왜 또, 설레는 것인가.

   알쏭달쏭한 내 머릿속 세계는 지금 꿈을 꾼다.

   두려운 일상 속에서 벗어난다.

2. 새벽
　모두가 잠든 고요한 시간
　나에게 온전히 귀 기울이는 시간
　세상의 혼란도
　내 안의 혼란도
　잠드는 시간
　'할 수 없다'에서 '할 수 있다'로 내 마음이 변하는 시간
　무거움으로부터 가벼워지는 시간

3. 버려야 하는 것
　버릴 수밖에 없는 것
　버릴 수 있는 것
　버리면 아픈 것
　버려야 사는 것
　욕심

　가져야 하는 것
　가질 수밖에 없는 것
　가질 수 있는 것
　가지면 행복한 것
　가져야 사는 것
　꿈

하늘과 바다를 닮은 집에 살고 싶다. 요즘 집이라는 주제로 그림을 그린다. 집은 따뜻한 곳이어야 하고 편안한 곳이어야 한다. 나는 집을 짓는 사람이 아니라 집을 그리는 사람이다.

그 언젠가는 집의 형태가 아기를 가진 엄마의 배를 닮은 둥근 형태였고, 또 언젠가는 구름을 닮은 집이 되기도 했다. 그리고 지금 그리고 있는 집은 어릴 적 우리가 그리던 단순한 모형 집으로 어린아이의 마음을 닮았다.

누군가가 살고 있는 집을 상상하며 외롭지 않은 집을 그린다. 함께여야 하고, 외롭지 않아야 하고 그리고 자신이 만족하는 넓이라면 나는 충분하다고 본다. 나는 왜 이런 그림을 그리는 것일까. 나는 왜 이렇게 하늘을 닮은 배경에 수십장의 그림을 그리고 있는 것일까, 되물어 본다.

어릴 적부터 그림에 대한 관심과 재능으로 직업 또한 그림을 가르치는 일을 하고 있다. 그렇다 보니 그림을 접할 기회는 분명 일반 사람들보다는 많은 편이긴 하지만, 그렇다고 명화를 특별하게 좋아하거나 화가들에 대해 잘 알고 있는 것은 아니었다. 우연한 기회에 평소와 달리 그림에 대해 느끼지 못했던 이상한 감정에 휩싸이게 된 어느 날 부터이다. 내가 하늘을 닮은 배경에 그림을 그리는 것과 같은 맥락일 수도 있다. 그림 밖으로 드러나지 않은 이야기들, 삶의 통증은 현재를 살아가는 나의 고민과 너무나 닮아 있다는 점을 발견했고 그 통증을 조금이나마 완화시키기 위해 나는 끊임없이 그림을 그렸다.

그 이후로 명화가 탄생하게 된 배경을 들여다봄을 통해 어쩌면 기억하고 싶지 않은 이야기, 들추어내고 싶지 않은 비밀 같은 이야기들을 통해 나와 타인을 이해하기 시작했다.

그림을 통해 공감하는 부분을 글로 표현한다는 것은 내 자신을 끊임없이 들여다보아야 하는 일이었다. 《그림의 마음을 읽는 시간》을 통해 명화와 화가들의 삶과 그들이 그린 그림을 통해 나의 삶을 재정리할 수 있었다. 시공간을 초월하여 내가 그들의 친구가 되고 엄마가 되고 누나가 되어 그들을 이해하고 공감하는 나를 발견한다.

나만 힘들다는 생각은 더 이상 하지 않는다. 자기중심적인 어린 나는 이제 여기에 없다. 내가 그들을 통해 타인의 아픔을 이해할 수 있게 되고 변화를 꿈꿀 수 있었던 것은 나의 상처가 치유되었다는 뜻이기도 하다. 그래서 나는 사람들에게 가슴 속 숨겨진 응어리들을 어루만져 준다는 희망으로 용기를 내어 《그림의 마음을 읽는 시간》을 끝까지 집필할 수 있었다. 다시 생각해 보면 자신과의 대화를 통해 성장할 수 있었던 건 오히려 타인을 위한 집필이었다기보다 나를 위한 일이었던 것 같다. 나를 안에서 바라보는 시선에서 벗어나 나를 객관적으로 바라보는 시선을 가지게 된 것은 우연이 아니다.

명화를 그린 화가들이 살아온 뒷이야기들 속에 명화 탄생에 가려진 사적 개인사를 찾아가는 과정에서 인간으로서 피해갈 수 없는 그들의 고뇌와 성장의 면면을 바라보며 나의 삶을 직시하는 법을 배웠다. 그리고 평범한 나와 같은 사람들을 위해 이야기를 시작하였다. 뛰어나게 잘나지도 않은 나를 사랑하는 법을 배워야 했고, 그 이야기를 통해 타인을 위로해 주고 싶다는 바람이 이제는 마무리를 해야 할 때가 왔다.

사람의 내면의 나이는 언제나 누구나 청춘이다. 그 청춘을 보내고 있는 어느 봄날 즈음에 불리해질 대로 불리해졌던 인생의 순간에 나에게 용기를 주셨던 이정훈 대표님께 진심으로 감사드린다. 책과 강연의 오른팔 김태한 작가님과 동행할 수 있어 기쁘고 고마운 마음 전한다. 그리고 극복과 성장의 과정을 확인하는 과정 안에서 나를 언제나 한결같은 마음으로 지지해 주는 영원한 짝지 꾼, 부족한 딸을 언제나 믿어 주고 사랑하는 엄마 아빠에게 감사하고 사랑하는 마음을 전한다.

-《그림의 마음을 읽는 시간》 저자 이윤서

참고문헌

까미유끌로델작품연구, 한남대학교 석사학위논문, 차정옥, 2008

오귀스트로댕과 까미유끌로델 작품의 연관성에 관한 연구, 한남대학교 석사학위논문, 유경열, 2012

로댕(신의 손을 지닌 인간), 엘렌 피네 지음, 시공사

반고흐 영혼의 편지, 빈센트 반고흐 지음, 예담

미술관에 간 화학자, 전창리 지음, 2013

다 그림이다, 이주은 · 손철주 지음

컬러가 내몸을 바꾼다, 김선현, 2009

색채심리, 스에가나 타미오, 예경

색채심리, 파버 비렌 저. 김화중 역. 동국 출판사, 2004

색채의 상징. 색채의 심리, 박영수, 살림, 2003

색의 유혹, 에바 헬러 지음, 예담, 2002

청소년을 위한 한국 미술사, 박차지현, 두리미디어, 2005

레오나르도 다빈치의 작품에 대한 도상해석 학적 연구. 목원대학교 석사학위논문, 신미순, 2002

레오나르도 다빈치의 작품에 있어서 과학과 예술의 연관성에 관한 연구, 호남대학교 석사학위논문, 강선자, 2006

그림속에서 나를 만나다, 김선현, 웅진지식하우스, 2012

체르난도 보테로 회화의 조형성 연구, 숙명여자대학교 석사학위논문, 김소연, 2001

앙리 루소 작품이 특성과 미술사적 의의, 경원대학교 석사학위논문, 유일선, 1996

명화는 왜 유명할까, 아멜리아 아레나스, 정선이 역, 2002, 더빈치

소호에서 만나는 현대 미술의 거장들, 강은영, 2000, 문학과 지성사.

만다라를 통한 미술치료, 수잔 핀처, 김진숙 역, 학지사

미술이론, 열린교육, 2009

Courbet, Gustave, 오광수, 서문당, 1994

서양미술의 계보, 이일 Editions APT, 1992

도형,그림의 심리학, 잉그리트 리델. 신지영 역, 2013, 파피에

크리스토의 프로젝트에 나타난 공공미술적 특성, 이화여대 석사학위논문, 김희승, 1998

올덴버그의 확대된 오브제에 관한 연구, 서울시립대 석사학위논문, 정기웅, 2006.

서양미술사, E.H 곰브리치 지음, 1997, 예경

그림의 마음을
읽는 시간

초판 1쇄 인쇄   2017년   7월   4일
초판 1쇄 발행   2017년   7월 10일

저자   이윤서
펴낸이   박정태
편집이사   이명수   감수교정   정하경
편집부   김동서, 위가연, 이정주
마케팅   조화묵, 박명준, 최지성   온라인마케팅 박용대
경영지원   최윤숙

펴낸곳   북스타
출판등록   2006. 9. 8 제313-2006-000198호
주소   파주시 파주출판문화도시 광인사길 161 광문각 B/D
전화   031-955-8787   팩스   031-955-3730
E-mail   kwangmk7@hanmail.net
홈페이지   www.kwangmoonkag.co.kr

ISBN   978-89-97383-97-9   03190
가격   20,000원